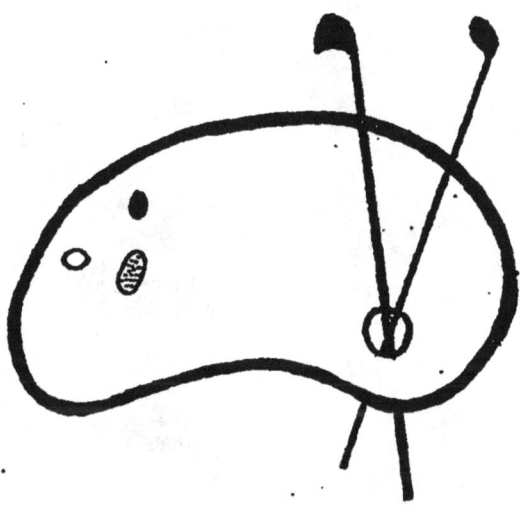

DEBUT D'UNE SERIE DE DOCUMENTS
EN COULEUR

HUIT JOURS

EN SUISSE ET EN ITALIE

PAR LE TRAIN

DE LILLE   KULM KULM   A LUCERNE

JOURNAL DE VOYAGE D'UN KULM

Août 1882

Élisée Delacourt

IMPRIMERIE
DU
GLANEUR

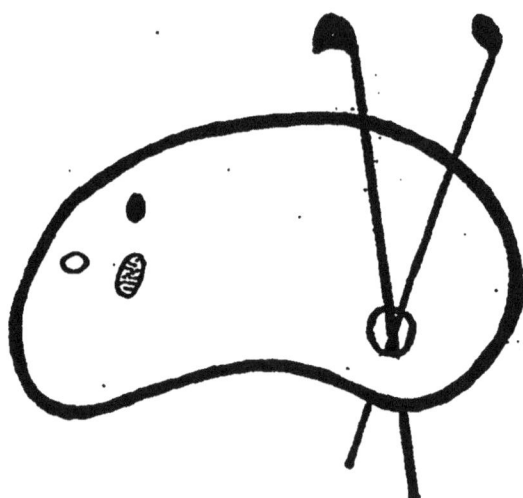

FIN D'UNE SÉRIE DE DOCUMENTS
EN COULEUR

HUIT JOURS

EN

SUISSE & EN ITALIE

PAR LE TRAIN DE LILLE A LUCERNE

Août 1882

JOURNAL DE VOYAGE D'UN KULM

Par Élisée DELACOURT

SAINT-QUENTIN

Imprimerie de la Société anonyme du *GLANEUR*

Grand'Place, 33

1887.

CONSIDÉRATIONS PRÉLIMINAIRES

C'est pour la première fois, pensons-nous, que le 23 août 1882, la Compagnie du chemin de fer du Nord, avec le concours de ses sœurs de l'Est et de la Suisse, a organisé de Lille à Lucerne, un train de plaisir, aller et retour, à prix très réduit, desservant seulement les grandes stations jusqu'à Châlons-sur-Marne.

Nous remercions la Compagnie du Nord de son excellente initiative ; nous nous plaisons à espérer, que pécuniairement, elle a atteint le but qu'elle s'est proposé, et que, dans les années qui vont suivre, elle pourra de nouveau mettre à la disposition des bourses moyennes, la possibilité, de visiter ce coin de terre privilégié, à l'aspect toujours changeant, souvent agréable, et quelquefois horrible, qui s'appelle la Suisse.

Donnons maintenant l'explication du nom bizarre de Kùlm (prononcez *Coulm*) dont nous nous parons au titre de cet ouvrage : Sur l'un des sommets, le plus élevé du mont Righi appelé Kùlm, nous fîmes l'heureuse rencontre de cinq Lillois, joyeux compatriotes, qui complétèrent avantageusement le maigre groupe de trois ascensionnistes dont nous étions. Entre ces nouveaux compagnons et nous, il fut convenu que la suite de nos excursions s'effectuerait ensemble, sous le nom de Kùlms, et que ce nom serait alors le cri de ralliement. Kùlm ! Kùlm ! Ce cri improvisé, a bien des fois, pendant huit jours, retenti en Suisse, sous les profondeurs, comme sur les hauteurs des monts alpestres, sur les lacs, dans les vallées, en voiture, en chemin de fer ; puis, en Italie, sur le merveilleux Dôme de Milan, partout Kùlm ! Kùlm ! Au retour, la totalité des excursionnistes le fit entendre à son tour ; et, les derniers échos de ce cri enfin affaibli, vinrent seulement expirer à Lille, point de départ et de retour du train de plaisir.

Aux futurs visiteurs de la Suisse, nous conséillons de joindre aux jaunets de leurs tirelires, une forte dose d'entrain et de bonne humeur, seule capable de remplacer l'huile de jarret, dont la découverte, si elle ne se faisait autant attendre, faciliterait rudement l'ascension des satanées montagnes de ce pays.

Nous conseillons également à ces mêmes visiteurs, si leur budget est modeste, de voyager par groupes d'au moins cinq ou six personnes. De demander à l'avance, le tarif dans les hôtels de second ordre, pour le manger et le coucher, et, surtout, de discuter dans tous leurs détails, les prix avec Messieurs les cochers, dont les exigences sont parfois déloyales. Partout ailleurs, les autres conditions de transport sont modérées, qu'il s'agisse des bateaux ou des chemins de fer.

Nous croyons utile de donner ici, un aperçu des prix que nous avons payés dans les hôtels, dans les restaurants et dans les cafés :

Coucher dans des chambres à deux lits, 2 francs ou 2 fr. 50 cent. par personne.

Repas, 2 fr. 50 cent. ou 3 francs, vin compris.

La boisson, et les aliments en Suisse, sont excellents.

Le vin du pays, coûte 1 fr. 60 cent., la bouteille. La bière se paie, suivant les établissements où on la consomme, 0,15 ou 0,20 cent. le bock. Le lait, qui est d'un goût exquis, coûte 0,20 ou 0,30 cent.

la chopine. En résumé, étant données les réductions consenties par les diverses Compagnies de transport, et la vie à bon marché, le voyage en Suisse en 10 jours, entrepris dans ces conditions, peut-être effectué moyennant une dépense de 150 à 200 francs au plus, sans qu'il soit besoin pour cela, de s'imposer des privations ou des fatigues inutiles.

Bien que la langue allemande et la langue italienne, soient en usage dans la partie de la Suisse que nous avons parcourue, on y parle néanmoins beaucoup le français ; il est donc parfaitement possible de se faire comprendre, partout où l'on passe.

En Suisse où le climat varie, suivant la position topographique et les différences d'altitude, on éprouve dans un court espace de temps, les extrêmes du chaud et du froid ; c'est ainsi, que nous avons relevé les différences thermométriques suivantes : Sous zéro, au glacier du Rhône ; 10° centigrades sur le mont Righi à 1,800 m. d'altitude; 15° à Berne et 30° sous le grand tunnel du Gothard. De plus, il règne sur les lacs une brise très-fraîche; c'est dire à nos lecteurs, qu'ils devront compléter leurs bagages, par l'adjonction supplémentaire de vêtements nécessaires en pareil cas.

Les wagons des chemins de fer suisses, comme confort, n'ont rien à envier aux wagons français, au contraire. Ils sont très-longs et divisés en deux compartiments, dont l'un est réservé aux fumeurs. Ceux de la ligne du Gothard sont coupés longitudinalement par un passage dans lequel s'effectue le service des employés. Si l'on admet un instant que toutes les portes sont ouvertes, on se trouvera en présence d'un gigantesque couloir, qui place le train en enfilade, du fourgon d'arrière à la ma-

chiné. Les bagages peuvent être disposés sur des
rayons placés à gauche et à droite au-dessus des
vasistas. Les bancs, établis transversalement, ont
deux places d'un côté, et trois de l'autre. Les
wagons sont éclairés au gaz à cause de la traversée
fréquente des nombreux tunnels. L'accès des
voyageurs, se fait en avant et en arrière des
wagons par un double escalier formant plate-forme
au milieu. Cette plate-forme est précieuse pour
l'excursionniste qui veut satisfaire sa curiosité ;
son abord durant la marche du train, dépend de
l'obligeance, ou de la négligence des employés ;
nous en avons usé, pour ne pas dire abusé.

Terminons cet exposé préliminaire, par un salut
aux Kùlms en général, et en particulier, par un
salut amical aux Kùlms de Lille, car, à ceux-ci
surtout, nous devons des heures délicieuses que,
pour notre part, nous n'oublierons jamais. L'empressement de ces bons Messieurs, et leur
bienveillance continuelle, nous ont été d'un
précieux secours, loin du sol aimé de la chère
France. Enfin, l'itinéraire varié, parcouru par
nous en aussi peu de temps, fait le plus grand
honneur à leur intelligence ; et nous sommes
heureux de leur présenter ici, le témoignage
public de notre sincère reconnaissance.

Kùlm ! Kùlm ! Vivent les Kùlms !

JUIN 1883.

HUIT JOURS
EN SUISSE & EN ITALIE

Par le train de Lille à Lucerne

Août 1882

~~~~~~~~~~~~~~~~~~~~~~~~~~~~~~~~

CHAPITRE PREMIER

Le train de Lille à Lucerne — Départ de
Saint-Quentin. — Réflexions à propos
de Belfort. — La Reuss. — Lucerne et
son lac.

Le vingt-trois août 1882, à 10 heures 42 minutes
du soir, en compagnie de douze excursionnistes,
nous prenons à la gare de Saint-Quentin, le train
spécial parti de Lille à 7 heures 25, qui, sans
interruption, doit nous transporter à Lucerne,
au cœur même de la Suisse, en 18 heures 13
minutes. Nous avons la veine d'occuper, à deux
seulement, un compartiment de seconde classe.
Il est tard; c'est le moment de se coucher. Vite,
transformons notre compartiment en dortoir. Les
deux banquettes sont des lits d'une largeur
suffisante; les ressorts du wagon constituent
un sommier solide; les coussins deviennent

des matelas moelleux, et nos valises, d'excellents oreillers ; enfin nos manteaux dans lesquels nous nous emmitouflons, notre compagnon de route et nous, sont transformés pour la circonstance en couvertures et en draps bien chauds. Montescourt ! Tergnier !

Bonsoir les amis, bonsoir. Coquine de machine va, elle fait bien un train d'enfer. La voilà qui tousse, crache, éternue et vomit. Bah ! bah ! elle chante à sa façon pour nous endormir, voilà tout ; et si en même temps, elle nous secoue aussi rudement, c'est afin d'imiter les bonnes mamans, qui, le soir, agitent le berceau de leurs petits enfants.

Laon, 21 août, minuit 20 minutes. — Vos billets, messieurs, s'il vous plaît ! — Allons bon, à peine Morphée sur nos paupières a-t-il distillé quelques-uns de ses maigres pavots, que voilà qu'on nous éveille maintenant ! Nous accomplissons la formalité demandée tout en maugréant. Messieurs les employés de la Compagnie du Nord, cèdent la place à leurs confrères de l'Est et nous nous remettons en route pour les plaines de la Champagne. Pendant notre sommeil, nous laissons derrière nous les villes de Reims et de Châlons-sur-Marne, et nous dévidons un petit bout de la Champagne pouilleuse. Nous passons à Chaumont vers cinq heures du matin. L'aurore aux doigts de rose nous invite au réveil. Sur notre droite, apparaissent le plateau et la ville de Langres, qui sont aujourd'hui le centre d'un vaste camp retranché, défendu par des forts nombreux. Près de la bifurcation de Chalindres, pour la direction de Dijon et Besançon, le chemin de fer atteint les monts Faucille, et passe sous un tunnel. Nous sommes à la ligne de séparation des eaux des bassins de l'Océan et de la Méditerranée.

Le soleil, à l'horizon vient de se montrer, il promet une journée splendide. Nous roulons sur une belle plaine. Les plants de vigne abondent en tous sens ; au loin se montrent de hautes collines. Nous passons la Saône dont la source n'est pas éloignée. A huit heures 37, le train aborde à la station de Vesoul. A gauche, sur l'éminence qui domine la ville, nous voyons se détacher un petit monument à colonnade en pierre, espèce de chapelle ouverte de tous côtés ; au centre, sur un socle, se dresse une statue. Nous braquons notre jumelle et cherchons, par la disposition des vêtements, à deviner le sexe et la qualité de ce personnage. Impossible. C'est un saint, une sainte, un grand homme ou une grande femme quelconque. Une heure de chemin, et voici Belfort.

En passant devant Belfort, envoyons un patriotique salut à la noble cité conservée à la France, grâce à la courageuse conduite qu'elle tint pendant la guerre maudite de 1870–1871. Oui, saluons avec reconnaissance cette ville malheureuse, qui, en deux mois et demi de cruel bombardement, a vu éclater dans ses murs une moyenne de 10,000 projectiles par jour ! Donnons surtout un souvenir de profonde gratitude aux mânes vénérés de ces deux hommes incomparables : Denfert-Rochereau et Thiers. Le premier, défenseur de la place, soldat légendaire et indomp-

table, qui répondait par le mépris aux sommations
insolentes d'un ennemi trop heureux. Le second,
personnage éminent qui, avec la tactique et
l'énergie d'un diplomate consommé, sut arracher
à la rapacité du vainqueur, ce lambeau de
territoire, membre mutilé de cette belle et
héroïque Alsace, toujours française d'esprit et de
cœur, et dont, en ce moment, nous respirons l'air
pur. Province tant regrettée, que nous sentons là,
tout près d'ici et pour laquelle il est au moins
permis de n'avoir point perdu tout espoir de
retour... Adieu Belfort! toi qui, avec une poignée
de défenseurs, subis si longtemps le choc de
l'envahisseur, nous sommes en tout cas complètement rassuré sur ton compte. — L'avenir, qui sait,
peut-être nous donnera raison. — Oui, nous
savions déjà et nous sommes heureux de constater
aujourd'hui *de visu*, que tu montrais vers l'orient,
au seuil découvert de la Patrie, une formidable
rangée de crocs. Ces crocs, le cas échéant,
pourraient bien occasionner de ces déchirures
dont parle l'histoire des peuples!

Entre les dernières crêtes des Vosges méridio-
nales et les premières cimes du Jura septentrional,
s'étend la fameuse trouée, dite de Belfort. Nous
traversons ce chemin d'invasion séculaire, maintenant à l'abri d'un coup de main par suite de la
construction de solides forts détachés. La largeur
géographique de la trouée est de 44 kilomètres,
réduits à 32 en réalité, si l'on tient compte au point
de vue stratégique de la proximité de la frontière
suisse. A quatorze kilomètres de Belfort, aboutit à

Morvillars le chemin de fer de Paris-Lyon-Médi-
terranée. A partir de cette station, et dans toute la
Suisse, les convois se meuvent sur une voie
unique. Vers onze heures, nous nous arrêtons à
Delle, dernière station française, où, messieurs les
employés du chemin de fer de l'Est sont remplacés
par ceux du Jura-Bernois. Cinq cents mètres plus
loin, nous passons la frontière et entrons en Suisse
par le canton de Berne.

Les préposés de la douane suisse, d'une façon
très courtoise, demandent aux voyageurs s'ils ont
des objets à déclarer. Sur la réponse négative qui
leur est faite, ils laissent aller le train de l'avant.
Nous reculons de 29 minutes l'aiguille de notre
montre, afin qu'elle se trouve en rapport avec
l'heure du pays. Lorsque nous avons dépassé
Porrentruy, nous traversons la croûte du Jura
septentrional, après avoir laissé, à gauche, le
premier chaînon : le Jules César ou Mont-Terri-
ble.

A nos pieds, dans une belle vallée, nous voyons
le village de Sainte-Ursanne et le Doubs qui, en
cet endroit, forme le sommet d'un angle aigu,
d'où, ayant coulé, de l'ouest à l'est, il se dirige
brusquement en sens contraire pour rentrer en
France dont il a longuement cotoyé la frontière.

A partir de là, la langue française cède le pas à
la langue allemande. Nous décrivons une courbe
prononcée pour passer sur un viaduc édifié entre
deux montagnes; puis, nous enfilons successive-
ment trois tunnels, le dernier de deux kilomètres.

Le regard plonge sur la jolie vallée de la Sorne.

Peu après la station de Delémont, alors qu'il avait suivi son chemin du nord-ouest à l'est, le train remonte vers le nord, dans la direction de Bâle en suivant le cours de la Birse, gentille petite rivière, affluent du Rhin, aux eaux calmes, limpides et peu profondes.

Bien que les quelques lignes qui vont suivre, ne doivent point fortement intéresser le lecteur, en historien fidèle, nous voulons néanmoins enregistrer que midi vient de sonner à toutes les horloges de la Suisse, que la nature réclame ses droits et que par conséquent, l'instant de préparer le dîner est arrivé. Aussi, pendant que toujours aussi gentiment la Birse coule au-dessous de nous, que le train continue son petit bonhomme de chemin, qu'à une montagne succède une autre montagne, et à une vallée une autre vallée, convertissons donc la chambre à coucher de tantôt, actuellement notre observatoire, en salle a manger. Dressons la table et le couvert sur nos genoux. Mettons nos mouchoirs de poche en guise de nappe et étalons, avec le luxe qui convient en semblable occasion, les victuailles, qu'avec grand appétit, nous allons dévorer. — Ça y est....

Une heure 42 minutes, Bâle. — A propos, la bouche pleine, nous ne vous avons pas dit, que nous avions entrevu pour la première fois, des rochers dans un rétrécissement de la vallée, que cette petite enjouée, la Birse avait fait à Grellingen une espièglerie sous forme de cascade, et que, dans un tunnel, nous croyant à la cave, nous avions remonté — de nos valises — une bouteille

de vin, pour la boire à votre santé, lecteurs,
et à la santé des nôtres.

Bâle, chef-lieu du demi canton de Bâle-Ville est
située à la frontière du côté du duché de Bade ;
nous y reviendrons plus tard.

Le chemin de fer ı prend sa direction naturelle du nord-ouest à l'est. A une faible distance
de Bâle est situé le village de Saint-Jacques, qu'on
appelle aussi les Thermopyles suisses. C'est là que
s'élève le monument commémoratif de la bataille
qui s'y livra en 1444, entre les Suisses et les Français commandés par le dauphin, depuis Louis XI.
Aux alentours de ce monument, les vignobles produisent du raisin avec lequel on fabrique un vin
rouge qu'on désigne sous le nom de sang suisse.

Bientôt après, nous laissons à notre droite, la
ville de Liestal, chef-lieu de canton de Bâle-Cam-
pagne. Nous passons à Sommerau, sur un viaduc
élevé de 27 mètres, ayant 8 arches de 9 mètres
d'ouverture ; nous enfilons ensuite deux petits
tunnels, et nous traversons souterrainement, dans
l'espace de cinq minutes, le Hauenstein massif du
Jura helvétique sur un parcours de trois kilomètres, puis nous débouchons sur l'imposante vallée
de l'Aar. Au percement de ce dernier tunnel qui
date de 1857, se rattache un souvenir pénible :
63 mineurs y périrent. Un petit monument, élevé
près de là, perpétue la mémoire de ces malheu-
reuses victimes.

Après avoir décrit une grande courbe, nous
traversons la rivière l'Aar sur un pont de 165 mè-

tres. Nous sommes à Olten. Il est deux heures
trente.

Olten, ville de quatre mille habitants, du canton
de Soleure, a une situation importante. C'est un
point central pour les chemins de fer, et les
lignes de Bâle, Soleure, Berne, Zurich et Lucerne
viennent y bifurquer. Nous profitons des trente
minutes d'arrêt qui nous sont accordées, pour
visiter le voisinage. La gare est très spacieuse et
bien agencée. Immédiatement derrière, se trouve
l'Aar, belle et large rivière, la plus considérable
de la Suisse, qui descend des glaciers du Grimsel,
près le mont Saint-Gothard. Tributaire du Rhin,
elle rejoint ce fleuve à Waldshut, après un parcours
de 273 kilomètres.

Nous remarquons qu'on y jette, en ce moment,
les bases d'un nouveau pont monumental. L'Aar,
roule bruyamment ses eaux grisâtres et agitées
sur un lit caillouté. On prétend, qu'elle recèle des
paillettes d'or. Hélas ! nous n'en avons pas vu,
car, bien sûr, nous aurions dressé notre tente à
Olten, et planté là, sans hésiter, Messieurs les
excursionnistes du train de Lille à Lucerne, pour
fonder immédiatement une colonie de pêcheurs....
de louis d'or.

Il est trois heures, en route pour Lucerne ;
cette fois, il n'est pas trop tôt d'arriver enfin au
but de notre voyage, il y a assez longtemps qu'il
dure. A trois heures et demie, nous entrons dans
le canton de Lucerne. A notre droite, surgissent
tout à coup, les cimes élevées couvertes de neige
perpétuelle de l'Oberland-Bernois, et aussitôt

après, les fameuses montagnes des Alpes, parmi lesquelles, au premier plan, le mont Pilate avec ses sept pics. Ce brigand de Pilate, dont le nom légendaire se présente sous notre plume, ressemble à l'Ernest de la chanson, c'est bien le plus mauvais caractère que l'on puisse rencontrer. Nous en reparlerons tout à l'heure.

Le terrain devient sombre et marécageux, nous traversons des tourbières étendues. Il se fait, parait-il, en ces parages, un commerce extraordinaire de tourbe, et on évalue que ce qui est expédié annuellement au loin atteint le chiffre de 10 millions de kilogrammes.

Plus loin, afin de nous préparer à la série des beaux lacs suisses, la nature, nous en sert un en miniature : le Mauen avec une île au milieu sur laquelle est construite une villa.

Après avoir passé une forêt, nous découvrons le Righi, admirable montagne dont il sera question ultérieurement.

Bientôt, nous contemplons, sur une longue ligne horizontale, le lac de Sempach, à l'extrémité duquel se trouve la station de ce nom. Sempach est célèbre dans l'histoire par la bataille qu'y gagnèrent, le 9 juillet 1386, 1,500 confédérés, commandés par Winkelried sur 12,000 Autrichiens.

Le panorama des montagnes de Lucerne nous apparaît dans sa splendeur : De jolis chalets et des hôtels sont perchés sur les divers versants. A notre gauche, voici la Reuss, verte rivière qui sort du lac des quatre cantons. Elle s'avance majestueusement encaissée le long de ses rives fleuries. Ainsi

qu'il convient à une noble demoiselle sur le point
de contracter mariage, elle se montre coquettement parée de ses plus riches atours. Image de la
vie, cette jeune fille, en pleine adolescence,
semble vouloir faire oublier les désordres de son
extrême jeunesse. C'est que, nous l'avons vue
toute petite, cette enfant terrible, alors qu'elle se
raidissait à la mamelle de sa maman la Furka, ou
qu'elle se démenait sur les genoux de son papa le
Gothard, criant, hurlant tempêtant, écumant. Et
plus tard, quelles fureurs au moment de sa
dentition dans le sombre passage de la Schollenen,
au pont du diable. Oui, elle est bien changée à
son avantage, encore que son allure légèrement
impétueuse rappelle une origine tourmentée ;
cette jeune fille a fortement modifié ses principes
de liberté sauvage. Il est même facile de remarquer qu'elle a reçu une brillante éducation à
l'ombre des collines, dans le lac des quatre
cantons. — Nous aurons l'occasion de revenir
souvent sur le compte de cette rivière si intéressante.

Continuant notre route, nous traversons un
dernier tunnel, et nous arrivons enfin à la gare
de Lucerne, à 4 heures 55 minutes du soir, après
un emprisonnement volontaire de 18 heures
13 minutes et un trajet de 670 kilomètres, suivi
sans changement de voiture. La compagnie du
Jura-Bernois va remiser pour huit jours le maté-
riel du chemin de fer du Nord dont nous nous
servirons de nouveau au retour, à l'heure, fixée
par notre itinéraire.

Quelques centaines d'excursionnistes, nos compagnons de voyage, quittent la gare en même temps que nous. Chacun se met aussitôt en quête du vivre et du couvert. Pour notre part, nous trouvons à nous installer aussi modestement que commodément à l'Hôtel de la Cigogne, en face de l'Hôtel-de-Ville, où, du haut de notre second étage, nous avons vue sur la Reuss.

La ville de Lucerne — 18,000 habitants — est le chef-lieu du canton de ce nom. Elle occupe une position unique sur le lac des quatre cantons. Située auprès du formidable rempart des Alpes, dont le mont Righi et le mont Pilate, qui la dominent à l'est et à l'ouest, sont les sentinelles avancées, elle est le rendez-vous obligé des touristes qui veulent rayonner sur toute la Suisse.

Centre du réseau de quatre lignes ferrées, Lucerne est en communication directe avec tous les pays d'Europe, et se trouve en outre à la tête des routes de montagnes très-fréquentées du Brunig et de l'historique et légendaire Saint-Gothard.

Le voyageur qui arrive à Lucerne par le chemin de fer, traverse d'abord la Reuss à sa sortie du lac, sur un pont magnifique en pierre de 146 mètres de longueur et 8 mètres de largeur, posé sur 8 piles. A gauche, en aval, trois autres ponts de moindre importance, dont deux en bois et couverts, relient entr'elles, les deux parties de la ville. Au milieu de l'un de ces ponts couverts, long de 324 mètres, on voit émerger de l'eau une tour Wasserthurm de forme ancienne, bâtie au neu-

vième siècle, qui servait de phare et a, dit-on,
donné son nom à la ville — *Lucerna*, lumière ; —
elle renfermait autrefois des cachots et des oubliet-
tes. Cette tour, actuellement, reçoit les archives
de la ville. De ce côté de la rivière, glissent gracieusement sur les eaux, de nombreux cygnes au
long col, des canards plongeurs, et des poules
d'eau jadis chères à l'illustre auteur du *Génie du*
Christianisme, Chateaubriand, qui habita longtemps Lucerne.

À l'extrémité du pont du chemin de fer, en
amont, s'étend, sur une longue distance, le quai
de Lucerne : c'est une magnifique promenade,
plantée d'une double rangée de marronniers sous
lesquels, dans la bonne saison, s'agite la foule
bigarrée et cosmopolite, et où règne la plus complète confusion des langues. À gauche du quai, se
déploie une rangée d'hôtels somptueux aux faça-
des monumentales.

Le mouvement incessant des voitures et des
omnibus qui s'arrêtent ou quittent le devant de
leurs larges vestibules ; le va et vient continuel
d'un personnel en habit noir, s'il vous plaît, les
vastes salons aux fenêtres multiples avec le luxe
et le confort qui s'y étalent ; l'éclairage fantastique qui les embrase le soir ; les balcons, les jardins, les terrasses, la musique qui s'y fait entendre,
tout cela est mis à la disposition des riches étrangers ; chevaliers du porte-monnaie auxquels,
moyennant forte finance, sont données toutes ces
jouissances, accompagnées des soins, des honneurs
et de tous les raffinements que comportent la

civilisation moderne. Pour brocher sur cet étalage, ajoutons qu'une Société anonyme Française
vient d'édifier un kursaal, lieu de plaisir, qui
dépasse en magnificence, ce qui jusqu'alors s'est
fait partout en ce genre.

L'autre côté du quai nous réserve un de ces
spectacles enchanteurs, comme il n'est pas possible à l'imagination humaine, la plus vive et la plus
féconde, d'en inventer. Aussi, bien que nous nous
trouvions en face de la réalité, quel n'est pas notre
embarras et notre désappointement à nous, chétif,
qui pourtant voudrions si volontiers en faire au
lecteur une description en rapport avec la grandeur du sujet. Sans doute, les pensées en foule
assiègent notre cerveau, et néanmoins, nous sentons que notre plume ne pourra pas trouver la
forme, la variété, la coloration, qui seules con-
viendraient pour les exprimer. Ah ! combien en
cette occurrence, ne regrettons-nous pas les
lacunes de notre érudition bornée. Il est vrai que
chacun, de son côté, le poète le mieux inspiré, le
peintre le plus distingué, ne pourraient peut-être
eux-mêmes qu'imparfaitement reproduire une
scène aussi grandiose.

Véritablement le cœur est saisi d'émotion, l'âme
se délecte, se retrempe, et se reprend à vivre,
quand on a eu le bonheur d'admirer ces merveilles
de la nature, ces sites incomparables et ces
beautés toujours nouvelles ! Encore faut-il ajouter
que ce que nous voyons en ce moment-ci n'est
qu'un échantillon des surprises que nous réserve
la suite de notre voyage.

Le lac des quatre cantons, dans son riche
encadrement de montagnes et de collines, a 37
kilomètres de longueur sur 19 dans sa partie la
plus large. Sa configuration est celle d'une croix
informe, dont la tête est à Lucerne, le bras gauche
à Kussnacht, le droit à Alpnach, le pied à Brunen
et le soubassement ou partie brisée à Fluelen. Il
est à la limite des cantons de Lucerne, Unterwalden,
Uri et Schwitz. La forme originale de ce lac est
précisément ce qui en fait le charme. Ses contours
le long de ses nombreux promontoires, ses golfes,
ses baies, ses détroits accentués présentent partout
des diversités étranges et un panorama toujours
changeant. Nous nous plaçons sur une galerie
semi-circulaire qui rompt, de ce côté du quai, la
ligne droite du parapet. Devant nous, se déroulent
les eaux vertes, tranquilles et transparentes du
lac. Les effets de coloration y sont splendides : le
ciel bleu, les vertes collines, les blanches villas,
les cimes des plus hautes montagnes ; le passage
incessant des embarcations légères et des grands
bateaux à vapeur, qui laissent loin derrière eux
un sillage écumant ; tout cet imposant ensemble
jette ses tons différents sur ce miroir magique.
Au loin, en sens divers, les eaux se perdent dans
les sinuosités du terrain; immédiatement au-dessus,
apparaissent des collines couvertes d'une végétation luxuriante, parsemées de bouquets d'arbres,
près desquels s'abritent de jolies maisons et des
chalets élégants. Toutes ces constructions étagées
sur les versants, au milieu de la verdure, sont du
plus bel aspect. Mais la scène la plus saisissante,

de beaucoup la plus grandiose, est produite par
la ceinture immense de montagnes, qui, à perte de
vue, profilent leurs découpures sur l'horizon.
Leurs sommets nombreux, dont quelques uns sont
couverts d'un linceul de neiges éternelles, percent
audacieusement la nue. Le nom de ces montagnes,
leur relief et leur orientation figurent sur une
plaque de marbre fixée près de nous sur le
parapet ; l'altitude la plus importante que nous
relevons est celle du Titlis 3,239 mètres. A notre
gauche, étendu comme un sphynx, mais plus
monstrueux encore que celui de la fable, les pieds
dans le lac, la tête au ciel, se dresse majestueusement le Righi. Cette belle montagne, aux pentes
épanouies, justement renommée, fait les délices
des touristes. C'est le bon génie de la ville de
Lucerne dont elle est la principale attraction. Ses
sommets principaux sont couronnés de magnifiques hôtels qu'à la distance où nous sommes et à
sa hauteur : 1,800 mètres, paraissent être autant
de dés à jouer. A notre droite, s'élève plus haut
encore dans les airs, 2,222 mètres, le mont Pilate,
cet autre géant. Le contraste entre les deux
voisins de face est frappant : autant l'aspect du
premier semble flatteur et engageant, autant, au
contraire, celui du second paraît sombre et taci-
turne ; c'est bien là le type du mauvais caractère
dont nous avons parlé tantôt, et que la nature,
comme un autre Cerbère, a placé à la porte des
Alpes.

La légende raconte qu'après la scène du lave-
ment des mains, que l'on sait, le gouverneur

Pilate, serait venu se noyer dans les eaux d'un
petit lac au sommet de cette montagne, de là son
nom maudit.

Le mont Pilate a dans le pays une mauvaise
réputation. Il a, dit-on, contracté un pacte avec
le diable. Jugez-en : A ses flancs déchiquetés,
s'accrochent les nuages ; les vents d'ouest sont ses
meilleurs amis ; il aime la tempête, les éclairs, les
orages ; souvent, il appelle la foudre à son secours ;
il quitte rarement son manteau de brouillards. Et
de fait, pour notre compte, tout le temps de notre
séjour à Lucerne, c'est tout juste s'il nous a permis
de faire, des pieds à la tête, son aimable connaissance. Toutefois, le jour de notre arrivée, il
semble vouloir nous souhaiter la bienvenue, mais
c'est en rechignant qu'il nous exhibe ses formes
délabrées et sauvages. Son front, bien entendu,
est chargé de vapeurs ; sur son crâne presque nu,
nous comptons 7 pics sinistres : ce sont les seuls
cheveux qui restent à ce vieillard maussade. Pour
présager les inconstances du temps, le baromètre
n'est pas meilleur sorcier que le mont Pilate.
Ecoutez au surplus ce dicton populaire :

« Si le Pilate est coiffé d'un chapeau
Le temps restera beau.
Et s'il s'est mis un collet de brouillard,
C'est le jeu du hasard.
Mais, s'il est ceint de son épée,
Bientôt crèvera la nuée. »

Tel est le bilan trop chargé, sans doute, du
farouche Pilate. Avant de le quitter, la jumelle à

la main, nous voyons perché sur sa hauteur extrême, un établissement qu'on pourrait prendre pour l'aire d'un aigle : c'est l'hôtel de Bellevue. On y atteint, en faisant l'ascension à travers les gorges sauvages de la montagne, en 4 heures et demie, au départ d'Alpnach, à 18 kilomètres de Lucerne.

Après avoir longtemps plané sur ces régions élevées, le regard se repose par la vue de cette belle ville de Lucerne, coquettement assise dans la vallée, aux pieds de ses gigantesques protecteurs. Un peu plus loin, vers le nord, on remarque sur une colline, les restes de l'ancienne enceinte avec ses neuf tours de défense, dont la construction remonte au moyen-âge. Quoique un peu à regret, quittons maintenant notre observatoire. A l'extrémité de l'allée des marronniers qui longe le quai, nous abordons l'église paroissiale, dont le portail sculpté est flanqué de deux clochers assez élancés ; au moment où nous nous disposons à en franchir le seuil, le gardien, armé de ses clefs, véritables massues, nous ferme brusquement la porte au nez, pourquoi ? nous l'ignorons. Le plus fort est que, déjà, nous avions préparé de la monnaie pour la déposer dans la main calleuse de ce rustre. Le cimetière qui entoure l'église a ses murailles festonnées d'arcades, sous lesquelles sont peints des sujets religieux.

Lucerne n'est pas riche en monuments, le seul que nous ayons vu est le Lion. Celui-ci évoque des souvenirs historiques. Il est élevé à la mémoire des 800 Suisses qui succombèrent en

France, lors de la défense des Tuileries, le 10 Août 1792 et les 2 et 3 Septembre de la même année : Dans une muraille de rochers est ménagée une grotte artificielle longue de 13 mètres, haute de 8 L'artiste a sculpté dans le granit, un lion colossal expirant, de 9 mètres sur 6 avec cette inscription au-dessus : « *Helvetiorum fidei ac virtuti* » et au-dessous, les noms des 26 officiers morts. L'impression est touchante ; le lion a les reins percés d'une lance brisée, dont le fer seul reste dans la blessure. Il est couché sur des armes brisées, la patte gauche tombante, la droite sur un écusson fleurdelisé. Près de sa tète est placé le blason helvétique. Par devant ce monument, on a creusé un petit étang, au milieu duquel s'élance, à une grande hauteur, un jet d'eau qui retombe avec fracas.

La nuit venant à tomber, nous nous rendons dans un café, où nous consommons quelques bocks d'excellente bière de Bavière. Nous y remarquons quelques officiers de l'armée suisse ; leur uniforme de couleur foncée est simple et d'une grande sobriété d'ornements.

Il est neuf heures, la journée sans conteste a été bien employée. Brisés de fatigue, notre compagnon de route et nous, nous rentrons à l'hôtel ; quelques lignes sont envoyées aux êtres chéris laissés au pays, puis nous nous mettons immédiatement à la découverte de nos oreillers. Bonne nuit !

Sur le lac de Lucerne. — Ascension du Righi en chemin de fer. — Le Kùlm. — Rencontre des Kùlms. — Retour à Lucerne.

Le vendredi 24 Août au saut du lit, nous consultons l'oracle Pilate ; le grincheux nous renvoie à l'article deux de son code. Voyez comme il est engageant :

> « Et s'il s'est mis un collet de brouillard,
> C'est le jeu du hasard. »

Gredin va ! tu n'as tout de même pas une figure à détourner les orages. Mais cela ne fait rien. En avant, il est 8 heures 35 minutes, nous passerons outre. Nous nous munissons donc de billets aller et retour, lac Righi, au débarcadère des bateaux à vapeur, et de là, nous quittons le quai, pour prendre le large ; notre point d'arrivée est Vitznau de la station duquel, nous ferons en chemin de fer l'ascension de la montagne le Righi. Comment, direz-vous, l'ascension d'une montagne en chemin de fer ? — Ce n'est pas possible ! — Si, si, patience, vous le verrez tout-à-l'heure, nous monterons par un système à crémaillère, et, tenez, en ce moment le long des flancs de la montagne, à une belle hauteur déjà, nous voyons s'élever dans les airs, un panache de blanche fumée, c'est la vaillante petite locomotive, qui grimpe et qui gravit toujours. C'est d'un pittoresque achevé.

Les bateaux qui font le service des transports
sur les lacs suisses, sont spacieux, commodes
et élégants. Rien n'est plus original que de voir
cette foule animée et bigarrée, qui sans cesse se
remue sur lepont. L'intérieur est divisé en deux
compartiments : premières et secondes classes,
véritables salons munis de bancs *ad hoc* et de tables,
sur lesquelles on peut prendre des consommations de toutes sortes. Jetant un coup d'œil sur la
chambre-machine, nous voyons fonctionner les
puissants engins qui distribuent le mouvement
propulseur. Remonté sur le bateau, nous apercevons dans l'éloignement : Lucerne, ses donjons,
ses 7 tours, ses églises, ses ponts, ses promenades,
son quai et sa rangée d'hôtels. A gauche et à droite
alors que nous glissons mollement sur les eaux
vertes du lac se déroulent les points de vue les
plus jolis ; jardins, villas, chalets, collines, verdure,
frais ombrages. Bientôt, devant nous, se présente
dans son charmant ensemble, le Righi et ses hôtels
là haut. De l'autre côté, l'abrupt Pilate, ou plutôt
la partie que ce butor veut bien nous laisser entrevoir, à travers sa collection de nuages.

Le bateau est arrivé à l'endroit du lac, où se
réunissent les quatre golfes ou bras de la croix
que nous avons tantôt esquissés. Ce point central
a quelque chose de féérique, l'œil embrasse de
tous les côtés à la fois, et, de cette réunion prodigieuse se détachent dans leurs mille détails, les
paysages les plus variés ; tout cela, gentiment
renfermé dans un écrin de montagnes à l'aspect
tantôt sévère, tantôt épanoui.

Le soleil, pour un instant, vient de percer la nuée. Nous avançons toujours, et toujours autour de nous, de sa baguette magique, la bonne fée frappe et frappe encore. C'est qu'ils sont vraiment extraordinaires ces effets de réverbération et de coloration, qui se produisent tour à tour, selon que la capricieuse nature jette sur le miroir, les silhouettes fantastiques des cimes découpées sur l'azur, les gigantesques rochers aux formes indescriptibles, ou bien les verts massifs plantés d'arbres, et les monuments de tous genres, espacés sur les deux rives.

Nous voici à Weggis, le jardin de Lucerne, c'est un gentil petit village, où croissent le châtaignier, le figuier et l'amandier. Il est situé au fond d'un petit golfe. On raconte qu'en 1795, sous l'influence de pluies continuelles, un éboulement détaché du Righi se mit en mouvement sous la forme d'une avalanche de boue compacte, detruisant tout sur son passage, couvrant 408 hectares de terre, et engloutissant dans le lac, 31 maisons de cette localité.

Quelques tours de roue encore, et nous abordons à Vitznau après avoir parcouru 20 kilomètres en une heure un quart. Vitznau, était un petit village qui a été tiré de son obscurité par la création du chemin de fer du Righi, dont le premier tronçon a été inauguré en 1871, et le second en 1874. Un autre chemin de fer du même genre, partant d'Arth, croisant à Goldau la ligne du Saint-Gothard, a été terminé en 1875, il gravit le versant opposé de la montage, et rejoint le premier à la station du Staffel.

Le problème ascensionnel résolu par ce petit chemin de fer est très ingénieux ; la montée est de 1,300 mètres sur un développement de 7 kilomètres, la rampe varie entre 7 et 25 pour cent, la moyenne est de 20, le rayon des courbes de la voie, est de 180 mètres. Les rails ont un écartement de 1,135 millimètres. Entre deux, sur l'axe de la voie, court parallèlement une crémaillère en fer fixée avec les rails sur des traverses en bois. La locomotive, de forme originale, construite sur un type nouveau, a sa chaudière placée verticalement comme dans les locomobiles Lachapelle. Les mouvements mécaniques extérieurs sont communiqués à une roue dentée qui s'engrène au centre sur la crémaillère ; les autres roues tournent simplement sur les rails sans autre impulsion. Elles supportent la machine, dont la position est inclinée proportionnellement au plan moyen de la voie, de manière que celle-ci se redresse quand elle gravit la montée. D'après ce système les bancs des wagons, eux aussi sont inclinés vers le plancher et, naturellement, ils prennent la position horizontale qui convient lorsqu'on fait l'ascension. Au départ, la locomotive est actionnée par la vapeur ; elle est placée en arrière et pousse le wagon en avant. Au retour, le train descend dans la même position ; il se met en mouvement par son propre poids, la locomotive retient au contraire, et la vapeur agit en sens inverse avec un système de contre-pression à air comprimé. Les précautions employées pour garantir la sécurité des voyageurs sur ce chemin de fer de montagne ont été poussées à l'extrême. En dehors de la voie, dont la construction est d'une solidité à toute épreuve, les wagons sont munis de freins à double serrage, qui permettraient de les arrêter presque instantanément, malgré la pente aussi accentuée ; ils ne sont point attachés à la locomotive. Ces wagons contenant 54 places, sont ouverts de tous côtés, de façon à laisser partout, la vue complètement libre. Chaque train se compose d'une locomotive et d'un seul wagon.

Nous allons maintenant confier au lecteur un secret qu'il voudra bien surtout ne pas dévoiler à personne, car il ferait tort à la considération due à nos quelques cheveux blancs. En montant en voiture sur ce petit chemin de fer dont l'aspect à première vue est si bizarre, — nous allions dire si cocasse — nous éprouvons une joie quasi-enfantine, et même, nous la manifestons d'une manière tellement homérique, que nous provoquons dans l'assistance un mouvement d'attention marqué. Franchement, n'en auriez vous fait autant à notre place ? et ne trouvez-vous pas qu'elles sont assez paradoxales celles-là : Ce wagon précédant la machine, la voiture tirant le cheval, la charrue avant les bœufs, quoi ! Et puis sérieusement là, nous ne pouvons nous faire de suite à cette idée, que nous allons ainsi nous essayer sur le chemin du Paradis. Mais il s'agit bien de rire ! Si ce train *de plaisir*, tout à l'heure, allait se changer en *convoi funèbre !*

Si nous achevions pour de bon, le voyage sur
lequel, actuellement, nous ne prétendons prendre
qu'un acompte, nous éprouverions alors un
sentiment assez désagréable, et, il faut bien que
tout bas, nous en fassions l'aveu. Le machiniste
devrait nous déposer à la station du Purgatoire,
pour y. régler avec le caissier, quelques petits
comptes en retard. Brr, ce convoi-là, nous pourrions bien le prendre tout de même sur ce petit
railway à l'air bon enfant, jugez : Dans un wagon
ouvert — à toutes les surprises, — sur une pente
infernale, nous allons nous aventurer pour atteindre à 1,400 mètres. Perchés à cette hauteur,
au-dessus du lac que nous venons de quitter :
abîme béant, profond de 324 mètres, vous voyez
quelle jólie dégringolade en perspective ; sans
préjudice dans notre tourbillon, de la rencontre
d'un précipice, la bouche en cœur — d'un gouffre
entr'ouvert — montrant ses petites quenottes ; —
et, surtout sans préjudice, des embrassements
réitérés sur la face rebondie et rebondissante des
rochers du quartier. Rassurons-nous de suite tous
en chœur, rien de tout cela heureusement n'est
arrivé.

En quittant la gare de Vitznau, nous commençons à monter sur une forte inclinaison. A notre
droite s'élève comme un énorme bastion à une
grande hauteur, un rocher taillé à pic. La ligne
s'avance en serpentant le long des flancs de la
montagne, nous traversons un petit bois, et,
bientôt, se découvre à nos pieds une vue splendide:
Witznau, le lac et ses charmants contours ; puis, de

tous côtés, les sommets des hautes Alpes avec
leurs glaciers et leurs neiges éternelles. Le train
s'engage sous un tunnel taillé dans le roc. Aussitôt
il passe sur un pont métallique très léger, jeté
au-dessus d'un gouffre effrayant, au fond duquel
gronde le torrent qui s'y précipite en bondissant.
C'est à donner le vertige. Un peu plus loin, avec
fracas, une énorme cascade tombe de très-haut.
Les arbres, les chalets, les rochers semblent
inclinés et prêts à s'abîmer sur les parois de la
montagne. Cet effet d'optique assez singulier, a
bientôt son explication, si on se rappelle que
nous sommes assis sur des sièges maintenant
renversés en arrière et que le train suit une pente
très sensible. A la station de Righi-Kaltbad, 1,438
mètres d'altitude, se détache un embranchement de
7 kilomètres, qui parcourt toute la croupe de la
montagne, et se rend 200 mètres plus haut au
sommet du Righi-Scheideck. A l'avant-dernière
station, alors qu'il reste 150 mètres à gravir, au
bout d'un petit détour, la voie paraît beaucoup
plus escarpée qu'elle ne l'est en réalité, c'est parce
qu'elle achève de monter en ligne droite sur la
pointe de la montagne. Après cinq haltes et une
heure vingt de trajet, nous arrivons au Righi-Kùlm
la station terminale, à une altitude de 1,750 mètres.
Il est onze heures trente. Descendus de voiture,
nous escaladons à pied le reste du versant, et à
1,800 mètres nous sommes sur le point le plus
élevé. Il règne là un air très vif, presque froid,
des nuages sont attachés aux flancs de la montagne
au-dessous de nous. En face et au-dessus, le

brouillard nous empêche de jouir de suite du spectacle qui nous attend.

Deux hôtels princiers, élevés de trois et quatre étages sont bâtis sur le Righi-Kulm ; ils peuvent héberger et nourrir plus de cinq cents personnes. Six autres hôtels sont aussi édifiés sur les points culminants et peuvent donner asile à quinze cents personnes.

Le Righi, paraît-il, est une excellente station climatérique connue et appréciée de tous temps. Beaucoup d'étrangers, dans la bonne saison, viennent y goûter l'influence salutaire de la température alpestre ; tandis que d'autres y recherchent le rétablissement d'une santé compromise.

En attendant le lever du rideau, qui sans doute ne tardera pas, nous trouvons à nous installer commodément sur un banc; et là, avec un appétit surexcité par une atmosphère pénétrante, nous faisons disparaître avidement nos quelques victuailles. Puis, fumant un londrès — de cinq centimes — nous allons bravement achever notre digestion dans la salle de billard de l'hôtel Schreiber, où nous nous faisons servir une tasse de moka que nous savourons avec plaisir. Nous parcourons l'hôtel dans tous les sens, les salles à manger y sont vastes, et leurs longues tables disposées avec luxe et confort. Nous visitons ensuite les salons de lecture, de conversation, de concert, au milieu d'une foule animée et bruyante de gens de tous les pays.

Sur le plateau du Righi-Kùlm, en dehors des hôtels, on remarque encore quelques maisons

d'habitation, des cabanes et des étables. Des vaches, le cou garni de clochettes, et des troupeaux
de chèvres paissent partout sur la montagne. Rien
de plus bizarre que de voir ces animaux remuer
sur des pentes quelquefois très raides; où dans
l'éloignement sur ces hauteurs, ils paraissent infi-
niment petits. Il est facile d'envoyer en quelques
heures des nouvelles au pays, car, là aussi, sont
installés un bureau de poste et un télégraphe; un
peu plus loin, un atelier de photographie.

En pénétrant par hasard dans une cabane
rustique, nous rencontrons les cinq excursionnistes dont nous avons parlé précédemment qui,
comme nous, ont pris le train spécial de Lille à
Lucerne. Ces messieurs « sirotent » délicieusement
le lait exquis, que leur sert dans des chopines une
forte montagnarde au teint hâlé. Le verre en
main, nous faisons vite connaissance. Entre compatriotes, surtout entre Français, étant données les
circonstances, la glace est bientôt rompue, les
visages d'ailleurs nous plaisent, et au bout de
quelques instants, nous sommes devenus de....
vieux amis. Dès lors, nous jetons ensemble les bases
d'un arrangement amiable. Bien que notre serment
d'alliance soit moins solennel que celui du Rutli
— duquel nous vous entretiendrons dans la suite,
— il est convenu entre nous, que nous formerons
une escouade de huit voyageurs déterminés, et
que nous utiliserons le mieux possible, les six jours
pleins qui nous restent pour nos explorations.
Séance tenante, nous arrêtons ainsi notre plan
primitif: Nouvelle campagne d'Italie ; passage du

mont Saint-Gothard ; entrée triomphale des Français à Milan. Et, comme point de comparaison
historique, il est surtout bien entendu que nous
aurons aussi les napoléons.... dans nos poches.

Sur ces entrefaites le brouillard s'est dissipé,
seuls quelques légers nuages subsistent sans toutefois trop gêner la vue. Nous montons les marches
du belvédère en bois qui couronne le Kùlm, et
nous avons alors le précieux avantage de découvrir
tout autour de nous un panorama gigantesque. Les
braves montagnards, auprès desquels nous nous
renseignons, nous affirment que le regard embrasse
une étendue de plusieurs centaines de lieues car-
rées. Dans la direction du sud-ouest, à l'extrême
horizon, on distingue à peine le mont Blanc à une
distance de 150 kilomètres. De tous côtés, aussi
loin que l'œil peut porter, ce ne sont qu'ondulations de montagnes, forêts de cimes et de pyramides sur lesquelles seuls, planent l'aigle et le
vautour des Alpes. Un spectacle saisissant sans
contredit et qui appelle la rêverie, c'est celui
qu'offrent, çà et là, ces sommets élevés couverts de
neige ; ces vallées supérieures, immenses dépôts
de glaces formées par la suite des temps et d'où
descendent les fleuves. Sur ces hauteurs inaccessibles, point de végétation, point de mouvement,
point de vie ; partout règnent en maîtres, le
mystère, la solitude, la mort. Rien, sinon des
rochers sinistres audacieusement levés vers le
ciel ; rien, sinon des déchirures et des gouffres
sans fond !

Au premier plan à l'est, on nous montre le

Rossberg, dont le nom évoque un souvenir affreusement terrible. En 1806, le 2 septembre, une partie de la montagne s'est écroulée, ensevelissant cinq villages, deux églises, trois cents maisons, et faisant périr quatre cent cinquante-sept personnes. Les traces de cet écroulement, nous les voyons très distinctement sur les flancs de la montagne. On nous assure que la masse détachée mesure une longueur de cinq kilomètres, une largeur de 324 mètres et une épaisseur de 32. Elle couvre une étendue de deux lieues. A travers ses décombres, dont quelques-uns sont colossaux, passe aujourd'hui le chemin de fer du Saint-Gothard. Le lac de Lowerz, qui se trouve au pied du Rossberg, a été aussi en partie comblé par l'écroulement. A droite, avec des formes menaçantes et hideuses, se dressent, à pic, les deux Mythen ; leurs flancs nus et rasés conservent les traces de l'incendie, qui en 1800, les dépouilla de toute végétation.

Nous voyons distinctement les géants de l'Oberland-Bernois dans leur éblouissante blancheur, entre autres, le Finsteraarhorn, dont l'altitude atteint le chiffre respectable de 4,275 mètres. Du côté de la France se déroulent à l'infini les lignes sombres du Jura. En bas, dans les vallées, dans toutes les directions, se présentent pittoresquement de nombreux bourgs et villages. Ajoutez à cela des lacs, des rivières dont les eaux brillent au soleil ; parmi celles-ci, la Reuss, la plus agitée de toutes avec ses capricieux méandres qui se perdent vers le nord. Bien loin à l'opposé, dans une découpure profonde, nous apercevons la ligne sinueuse du chemin de fer du Saint-Gothard qui s'engage dans la vallée de la Reuss, jusqu'au grand tunnel. Si le temps avait été bien clair, nous aurions pu, paraît-il, compter de notre belvédère trois chaînes de montagnes, quatorze lacs, petits et grands, dix-sept villes, quarante villages et soixante-dix glaciers. Pendant que nous sommes en contemplation devant toutes ces belles choses, nous entendons de temps en temps, les sons harmonieux du cor des Alpes, répercutés dans tous les sens, par les échos de la montagne ; puis des chants tyroliens dont les notes élevées, les accents et l'intonation sont touchants et nous captivent. On nous affirme que, du haut du mont Righi, rien n'est plus joli que d'assister au lever et au coucher du soleil ; nous n'aurons malheureusement pas la facilité de nous en assurer. Vers cinq heures, nous faisons nos adieux aux régions élevées du Righi-Kùlm et à son splendide panorama. Après quoi, sur son petit bonhomme de chemin de fer, nous opérons notre descente sans accident ; notons toutefois ce petit incident : A l'avant-dernière station, nous posons au moins une demi-heure pour laisser monter quelques trains engagés sur la voie. Toujours les mêmes, ces Français ; l'esprit gouailleur ne les abandonne jamais ; afin d'échapper aux ennuis de l'attente, bientôt se croisent les réparties les plus fines et les plus spirituelles ; puis éclatent des airs tirés d'un tout autre répertoire que celui de nos opéras : Le *Canard déployant ses ailes*, le *Petit Navire* et autres scies du même acabit.

Reprenant notre route inclinée, nous revoyons le lac de Lucerne dans l'encadrement du tunnel, ce qui produit un très bel effet. En face, nous revoyons aussi Pilate, le versatile, il s'est négligemment noué autour du cou une cravate de gaze légère, les pans rejetés en arrière, signe apparent qu'il est, à cette heure, plus accommodant que ce matin. A six heures 20 minutes, nous reprenons le bateau à vapeur, et à 7 heures nous débarquons à Lucerne. Nous soupons de bon appétit et cherchons le repos, assez satisfaits de l'emploi de cette première journée.

CHAPITRE III. — DEUXIÈME JOURNÉE

Départ pour l'Italie. — Le chemin de
fer du Saint-Gothard. — Aspect de la
voie. — Passage du grand tunnel. —
Arrivée à Milan.

Samedi 25. — Tout d'abord, voyons un peu la
mine du citoyen Pilate. Eclipse totale. Monsieur
n'est pas visible ; et même si, par nature, on ne le
savait pas si profondément attaché…. au sol, on
croirait volontiers qu'il a quitté le pays, tant sont
épais le capuchon et le manteau couleur brouillard
qui l'enveloppent des pieds à la tête. Donc pour
aujourd'hui, c'est par procuration qu'il nous
applique, dans toute sa rigueur, l'article 3 de son
code :

> « Mais, s'il est ceint de son épée,
> Bientôt crèvera la nuée. »

Eh bien, on peut dire qu'il la crève, sa nuée,
car il tombe et tombera toute la journée une pluie
torrentielle. Général en chef des autans en fureur,
nous allons quitter ton humide camp retranché,
et chercher sous le beau ciel de l'Italie, un temps
d'humeur moins atrabilaire que celui dont tu nous
gratifies au moment du départ. A cinq heures
cinquante, nous prenons le train du chemin de
fer du Saint-Gothard pour nous rendre à Milan, où
nous devrons arriver le soir à 6 heures trente.

Avant de continuer la relation de notre voyage,
nous pensons qu'il est bon de donner ici quelques

détails sur l'entreprise de ce chemin de fer
vraiment extraordinaire ; ces détails, nous les
extrairons d'une brochure spéciale que nous
avons en main, et nous les présenterons sous la
forme la plus concise.

La Société du Gothard a été constituée le six
décembre 1871 à Lucerne ; les fonds nécessaires à
l'établissement du chemin de fer, ont été primitivement évalués à la somme de cent cinquante
millions de marcs, dont soixante-huit furent
versés par les trois nations intéressées, savoir :
l'Italie trente-six, la Suisse seize, et l'Allemagne
seize. Puis, pour le complément, on créa pour
vingt-sept millions d'actions et pour cinquante-
cinq millions d'obligations.

Les travaux commencèrent le 4 juin 1872, ils
devaient durer dix ans. En effet, l'inauguration eut
lieu le 1ᵉʳ juin 1882. Dans cette somme de cent
cinquante millions, le percement du grand tunnel
figurait pour quarante-sept millions huit cent
mille francs. Cependant, en février 1876, cette
grande entreprise fut sérieusement menacée, on
constatait un déficit de quatre-vingt-un millions
de marcs. Pour parer à cette fâcheuse éventualité,
on se décida à réduire la concession des lignes, de
manière à ramener ce déficit à la somme de
trente-deux millions. L'Italie et l'Allemagne,
consentirent à un nouveau sacrifice de chacune
huit millions et la Suisse six ; quant à la différence
des dix autres millions, on se décida à les laisser
figurer au passif de la Société.

Après avoir modifié le tracé originaire, on

ramena l'exploitation totale à deux cent quarante kilomètres, y compris deux petits embranchements. La grande ligne, cent soixante-quinze kilomètres, va d'Immensée à Pino. La seconde, cinquante-deux kilomètres, va de Giubiasca à Chiasso (station frontière.) Enfin, la troisième, vingt-trois kilomètres, va de Cadennazzo à Locarno.

En ce qui concerne le grand tunnel, les prévisions furent aussi dépassées de plus de neuf millions. On pensait ne construire de la maçonnerie que sur un tiers de son parcours, mais la nature du terrain obligea de compléter le travail, de façon que ce tunnel, long de quinze kilomètres, large de huit mètres, et haut de six mètres cinquante, coûte aujourd'hui cinquante-six millions huit cent huit mille six cent vingt francs (56,808,620 francs).

Au nord, du côté de Gœschenen, le tunnel est taillé dans le granit ; au sud, du côté d'Airolo, dans le gneiss et le schiste argileux. Le point le plus élevé du tracé de la ligne se trouve sous le Saint-Gothard à une altitude de 1,154 mètres. L'altitude inférieure au nord, du côté de Lucerne, étant de 430 mètres, on monte donc la première pente jusqu'au milieu du grand tunnel, et on descend ensuite la seconde vers le sud, où l'altitude la moins élevée est de 232 mètres. La plus grande élévation de terre au-dessus du grand tunnel est de 1,843 mètres ; la moindre, de 340 mètres. Le maximum d'inclinaison de la voie est de vingt-six millimètres par mètre, la moyenne de dix-huit. Le rayon mineur des courbes est de trois cents

mètres. Au nord du grand tunnel, la montée
principale est de sept cent seize mètres pour un
trajet de quarante-six kilomètres. Au sud, la
descente est de neuf cent vingt-et-un mètres, pour
un trajet de trente-neuf kilomètres. La ligne, avec
ses embranchements, compte soixante-deux
tunnels, d'une longueur totale de quarante-et-un
kilomètres, trente-deux grands ponts construits
en fer, dix viaducs, et vingt-quatre passages de
moindre importance.

Le percement du grand tunnel du mont Saint-
Gothard se fit à l'aide de machines à forer mises
en mouvement par l'air comprimé. Les roues
motrices recevaient l'impulsion par d'énormes
masses d'eau, qui se précipitaient d'une hauteur
considérable, avec une force de huit cent à mille
chevaux. Ces eaux, au moyen de tuyaux en fonte,
étaient amenées, au nord (côté de Gœschenen) des
cascades de la Reuss, et, au midi (côté d'Airolo) de
celles du Tessin. L'air comprimé, refoulé dans
d'énormes chaudières couchées aux deux extrémités du tunnel et envoyé par des conduits,
remplissait un triple-effet. Il servait de moteur,
renouvelait l'atmosphère suffocante des galeries,
et chassait la fumée après chaque explosion de
dynamite. La chaleur a quelque fois dépassé
trente-sept degrés centigrades. Deux mille cinq
cents ouvriers, pour la plupart Italiens, furent
employés à ce travail de titan. Il fallut user cinq
cent mille kilog. de dynamite, et un million six
cent cinquante mille forets pour percer trois cent
vingt mille trous.

Certes, il y a lieu de féliciter les ingénieurs et les entrepreneurs de cette œuvre grandiose ; mais il convient, surtout, de jeter un souvenir de ~~commisération~~ sur ces humbles mineurs, qui dans cette sombre caverne, accomplirent la tâche la plus pénible qu'il soit possible d'imaginer. Enfin, il faut ajouter malheureusement à l'histoire du percement du mont Saint-Gothard, qu'il a coûté la vie à deux cents personnes, en dehors de celles qui moururent d'affections qu'elles y avaient contractées, et des trois cent cinquante-huit qui y furent blessées.

Reprenons maintenant notre récit.

Au départ de Lucerne, nous suivons un moment la rive gauche de la Reuss, très large en cet endroit. Un peu plus loin, nous cotoyons le petit lac de Rothsée ; puis après, sur une grande étendue, celui du Zoug. A Immensée, à droite sur la hauteur, on voit le chemin creux et la chapelle neuve qui consacre le lieu où Guillaume Tell tua d'une flèche l'Autrichien Geissler, l'homme à la toque. Non loin de là, sur l'un des bords du lac des quatre cantons, se dressent les ruines de l'ancienne Habsbourg, tour du comte Rodolphe, bâtie en 1342. Cette tour appartient à M. Ziégler Dolfus, un patriote alsacien, qui en refuse impitoyablement l'entrée à tout ce qui porte un visage allemand. Nous voici à Goldau, village rebâti il y a soixante ans sur les ruines de l'ancien, lequel fut détruit par l'éboulement du Rossberg en 1806. A partir de cette station, sur un parcours très long, nous passons au milieu de décombres de toutes sortes, provenant de cet éboulement. Des quartiers énormes de roche, à l'aspect effrayant, restent suspendus aux flancs de la montagne ; on en voit même qui émergent du lac de Lowerz, à notre droite. Après avoir passé Brunnen et traversé un petit tunnel, tout à coup se déroule un tableau enchanteur sur les coulisses du lac d'Uri (base de la croix du lac des quatre cantons). La vue s'étend très loin dans le sens de la longueur vers Lucerne. Au fond, on distingue à peine la tête chauve du sévère Pilate à cause du brouillard.

Ce coin de la Suisse, sur lequel nous roulons, est le berceau de l'indépendance de ce vaillant petit pays. C'est sur les bords riants et légendaires de ce lac, que se sont accomplis les faits héroïques précurseurs d'une liberté chèrement achetée. Voici, s'élevant du milieu de l'eau, la pierre du Mythenstein avec inscription dédiée à Schiller, le poète de Tell. Un peu après, la petite chaumière du Rutli, où, dans la nuit du sept au huit novembre 1307, Stauffacher, Walter Furst et Arnol de Melchthal prêtèrent, avec trente autres citoyens des quatre cantons primitifs, le serment fédéral. Au pied d'une montagne, au milieu d'un bouquet d'arbres, se détache la chapelle de Guillaume Tell, ouverte en arcades, construite sur l'emplacement où celui-ci sauta, puis repoussa la barque de son persécuteur, le bailli Geissler.

Des sommes considérables ont été dépensées pour le chemin de fer, afin de vaincre les difficultés sans nombre que présente le terrain. La ligne est taillée dans le granit, quelquefois celui-ci surplombe sur nos têtes. Les travaux d'art se succèdent sans interruption. Dans le court trajet de Brunnen à Fluelen, sept kilomètres sur dix sont marqués par dix tunnels, ce qui fait qu'on assiste en peu d'instants à ces oppositions continuelles : La nuit dans les tunnels, le jour sur le lac, c'est du plus pur romantisme. Deux de ces divers tunnels atteignent mille et deux mille mètres de longueur. Les cours d'eau, les lacs, les montagnes, les rochers, les précipices, tous ces obstacles enfin cèdent partout devant le génie de l'homme ; en un mot, sur ce sol tourmenté, la sauvage nature est terrassée.

A la station de Fluelen, embouchure de la Reuss, nous sommes au bout du lac des quatre cantons, dont la tête est à Lucerne. Bientôt après, nous atteignons Altdorf, chef-lieu du canton d'Uri. C'est sur la place de ce bourg, là où s'élève sa statue colossale, que Guillaume Tell abattit la pomme placée sur la tête de son fils par ordre de l'infâme Geissler. Nous passons au-dessus du ruisseau de Schœgen, dans lequel Tell perdit la vie en voulant sauver celle d'un enfant.

La voie court dès lors dans la bruyante vallée de la Reuss, le paysage s'assombrit, ici le voyage tourne véritablement à l'extraordinaire : Le couloir de montagnes se rétrécit ; auprès de celles-ci, le Righi et le Pilate sont de bien petits garçons. Leur taille, en effet, atteint et dépasse souvent trois mille mètres, c'est que bientôt aussi, nous allons pénétrer au cœur même de ces hautes

Alpes dont le Saint-Gothard est le point culminant.
Ces montagnes paraissent d'autant plus élevées,
que nous en sommes plus rapprochés. Leurs
cimes percent la nuée, qui crève toujours et
ajoute à l'horreur. Au fond, dans l'étroite vallée,
la Reuss se tord. Ses flots tumulteux descendent
des monts avec un bruit infernal. Elle se précipite,
blanche d'écume, au-dessous et au-dessus de
rochers quelques fois énormes. Ces monstres de
granit, couchés en tous sens dans son lit informe,
semblent vouloir lui barrer le passage ; vains
efforts, l'eau bondit furieuse, escalade tous les
obstacles et retombe en larges cascades affreusement retentissantes. Des ponts de toutes longueurs,
légers et hardiment jetés, coupent de distance en
distance le cours de cette rivière ; tantôt ils rasent
ses eaux de très près ; tantôt, au contraire, ils les
dominent à des hauteurs vertigineuses. L'œil épou-
vanté plonge alors et à la hâte sur des gouffres
obscurs ; le bruit sourd qui s'échappe de ces
profondeurs est loin d'être couvert par celui de
la marche du train. C'est un spectacle terrifiant et
sublime tout à la fois, susceptible de communiquer
les impressions les plus diverses, et qui se renou-
velle à l'infini sur un parcours de plus de cent
kilomètres. Très souvent, aussi, des gorges élevées
des montagnes, surgissent tout à coup des chutes
d'eau puissantes qui tombent perpendiculaire-
ment de quelques centaines de mètres, se brisent
d'abord sur le roc en formant comme un nuage
de poussière, disparaissent, reparaissent, variant
constamment les effets, puis, finalement, s'épan-

chent* dans la vallée en gigantesques éventails.

A Erstfeld, gare centrale du mouvement, nous faisons halte un certain laps de temps. On ajoute au train une seconde locomotive ou remorqueuse de montagne, à cause de la rampe de vingt-six millimètres par mètre, que nous allons gravir jusqu'au grand tunnel sur un espace de vingt-neuf kilomètres. Dès que le train se remet en marche, il est facile de se rendre compte de la pente par l'obliquité très apparente du cadre des portières, cette pente, jusqu'ici, n'avait pas dépassé dix millimètres par mètre.

Bientôt après la station d'Amsteg, nous passons sur une digue immense appuyée aux rochers et dominant la vallée très profonde en cet endroit. Vous voyez la situation : A gauche, une énorme muraille à pic bordée par l'étroit cordon de la voie ferrée ! A droite, le vide dans son horrible aspect ! ! Entre ces contrastes, le train monte avec rapidité, rasant le granit contre lequel il peut se briser, surplombant l'abîme dans lequel il pourrait rouler !!! Vous appréciez bien sûr, lecteurs mes bons amis, la sensation à intervenir. Ici, l'effet en partie double, est plus intéressant sans doute que celui qu'on ressent au théâtre ; car sur cette vaste scène de la nature, les décors et les accessoires ne sont pas de carton : le voyageur en de sombres conjonctures, aurait à remplir tout à la fois le rôle du spectateur et celui de l'acteur !

Sur un gigantesque viaduc de cent douze mètres, élevé de soixante-trois mètres, nous traversons un torrent très bruyant, puis, pour la première fois, nous voyons au-dessous de nous, la route de terre du Saint-Gothard qui passe un pont sur la rivière. Cette route, que nous avons toujours aperçue et souvent croisée jusqu'ici, va quitter un moment le voisinage du chemin de fer ; à Gœschenen, par de nombreux zigzags, elle montera à travers les défilés, passera entre les crêtes du Gothard au-dessus du tunnel, et descendra à Airolo, où nous la retrouverons dans la vallée du Tessin ; à Lugano, son point de jonction avec d'autres routes, elle nous quittera définitivement.

Nous arrivons dans des régions dont le caractère sauvage a quelque chose d'attristant. Ici, abondent à profusion les gouffres, les torrents, les cascades, les rochers sinistres. Dans cette partie des Alpes Centrales, les montagnes atteignent une altitude de 3.500 à 4.000 mètres ; sur leurs fiancs déchirés, se montrent à peine quelques maigres sapins perdus au milieu de décombres énormes. Sur un pont de soixante-dix-sept mètres de longueur, nous passons la Reuss qui roule ses eaux avec fracas à soixante-douze mètres de profondeur, entre des rochers perpendiculaires. Après avoir dépassé la station de Gurtnellen, nous entrons dans le premier tunnel hélicoïdal.

Nous allons essayer d'entreprendre la description de ces tunnels et accessoires d'un nouveau genre, en même temps, nous donnerons succinctement les raisons qui ont nécessité leur création ; mais il est de toute évidence que nous ne pourrons

le faire avec la compétence nécessaire. Pour peu
que certains lecteurs éprouvent le désir de
s'initier davantage à la connaissance complète de
ce sujet, nous ne pouvons que les renvoyer aux
auteurs qui l'ont traité avec tous les détails scientifiques qui conviennent en pareil cas. En ce qui
nous concerne, il s'agit d'une simple et modeste
relation de voyage que nous écrivons sans prétention, uniquement pour le plaisir de l'offrir à nos
amis. Le seul but que nous ambitionnions est de
faire en sorte que nos descriptions et nos explications soient telles qu'elles puissent faire passer
dans l'esprit de chacun une partie des impressions
que nous avons ressenties en admirant tant de
chefs-d'œuvre. Heureux, si nous avons pu y arriver.

La brusque déclivité du terrain qui se mani-
feste sur les deux versants opposés aux approches
du mont Saint-Gothard constitue une des grandes
difficultés qu'il a fallu vaincre pour la construction du chemin de fer. Le percement du grand
tunnel, objet des préoccupations des ingénieurs,
ne pouvait être entrepris qu'à une altitude assez
élevée ; de là l'obligation d'imposer à la voie une
rampe très sensible. Mais comme le maximum de
vingt-six pour mille ne pouvait être dépassé, et
qu'on ne pouvait opérer que, sur un espace res-
treint, au milieu d'obstacles de toutes sortes, on
dut rechercher la possibilité d'allonger le parcours
par des moyens artificiels. On y arriva. La longueur et la pente furent mises rigoureusement en
rapport, on construisit les tunnels hélicoïdaux,
on fit décrire au tracé toutes les sinuosités suscep-

tibles de faciliter l'accès des gorges supérieures,
et le passage à travers le Saint-Gothard pût-être
effectué. Les tunnels hélicoïdaux sont créés pour
franchir sur place une différence de niveau, exactement comme le fait un escalier construit en
forme de colimaçon. Le train s'engage sur la voie
en décrivant un tour en spirale dans l'intérieur de
la montagne, et il en sort au-dessus du point par
lequel il y est entré. La hauteur acquise est, en
raison directe de la longueur parcourue ; or,
le premier de ces tunnels ayant 1485 mètres, sur
une pente de vingt-six millimètres, on a donc ga-
gné à la sortie, en élévation, trente huit mètres
soixante. Le chemin de fer du Saint-Gothard
compte sept tunnels hélicoïdaux, trois du côté
nord à la montée, et quatre du côté sud à la descente ; le plus court, mesure 1090 mètres, le plus
long 1647 mètres. L'ensemble en chiffres ronds
étant à peu près de dix mille mètres, on a donc
monté et descendu deux cent soixante mètres, du
chef de ces escaliers taillés dans le roc.

Compris, n'est-ce pas ? — Alors nous repar-
tons.   •

Dans le fond de la vallée, nous apercevons le
pont du Moine sur lequel passe la route de terre.
La légende raconte qu'un moine, en ce lieu, tenant
dans ses bras une jeune fille qu'il sauvait de ses
persécuteurs, aurait sauté, sans accident, par un
bond téméraire de l'autre côté du précipice.

Nous allons maintenant tracer en spirale,
sur et dans les montagnes, les méandres d'une S
à rebours, mais des plus majuscules ; les trois

4

branches et les deux courbes auront chacune en
moyenne un peu plus de deux kilomètres. Arrivé
au trait final, nous aurons parcouru dix kilomètres
— trois seulement à vol d'oiseau — et le sommet
de cette lettre, ainsi développée, sera élevé
de deux cent soixante mètres sur sa base, ainsi
qu'il appert des données précédentes. Ce trajet,
relativement court, est celui de la ligne où se trouvent réunis les combinaisons les plus ingénieuses
et les travaux d'art les plus hardis.

Par un tunnel de trois cents mètres, nous passons au-dessous de Wasen, après quoi, nous entrons dans le second tunnel hélicoïdal. Nous
rebroussons vers le nord par le détour en question ; puis au milieu de l'S, nous nous trouvons à
la station de la commune que nous venons de traverser sous terre. Au-dessous et au-dessus, par
conséquent, nous voyons les autres tronçons de la
ligne parcourue et à parcourir. A peine repartis
nous entrons dans le troisième tunnel hélicoïdal,
où nous accomplissons le second détour qui nous
fait reprendre la direction naturelle vers le sud.
Nous nous lançons sur un pont au-dessus du torrent de la Mayenreuss, que nous croisons pour
la troisième fois, à cause des zigzags décrits sur
les flancs de la même montagne. Ces tunnels et ce
torrent, ces trois ponts jetés dessus, et ces trois
fractions du chemin de fer superposés parallèlement en gradins, tout cela, vu de haut, forme un
spectacle très pittoresque.

Nous faisons cette remarque, que souvent
l'entrée et la sortie des tunnels, sont précédés

et suivis de ponts ou de viaducs, cet état de
choses s'explique en ce sens : que des fois
il faut jeter un pont pardessus les eaux qui
s'encaissent entre les montagnes ; et que, d'autres fois, pour conserver son niveau, la voie
réunit deux versants en se déroulant sur un viaduc au-dessus de la vallée. Au milieu de cet entas-
sement de situations, ce qui aussi nous a frappé,
ce sont les mille circuits accomplis suivant les
exigences du terrain, et qui font changer constamment le décor. Rien de drôle comme ces sinuosités dans les montagnes : tantôt vous tournez
dans un sens, tantôt vous tournez dans un autre.
Ici, la rivière est à votre gauche, là, elle se trouve
à votre droite. Le jour et la nuit, se livrent des
assauts continuels, selon que vous êtes sur la terre
ou dans ses profondeurs. Quelquefois, lancés en
avant, il vous semble que vous allez disparaître
sous les sombres voûtes d'un tunnel ; erreur, vous
l'évitez par une courbe savamment ménagée.
Quelquefois au contraire, vous y pénétrez au
moment où vous vous y attendez le moins, et la
sortie vous réserve de nouvelles surprises.

Le train s'avance toujours, au bout de quelques
instants se montre, sur le bord du chemin, un
énorme quartier de rocher isolé : Le diable, d'après
la légende, l'aurait jeté là sans avoir achevé un
ouvrage commencé. D'après ses conditions, pour
prix d'une pauvre petite âme, il devait bâtir le
pont de la Schollenen, qui porte son nom, en une
seule nuit, et avant que le coq eût chanté. Celui-ci
éveillé trop vite, par un malin du pays, fit

Kokoriko ; et le maçon aux pieds fourchus pris de
peur, s'enfuit sans emporter le prix de son travail,
laissant après lui avec la dernière pierre une forte
odeur de roussi. Le Pont du Diable fut achevé par
les hommes, nous le verrons plus tard, à notre
retour de Milan.

Le chemin de fer parcourt un désert de décombres projetés des hauteurs voisines. Des bastions
de rochers délabrés, s'élèvent vers le ciel. C'est
triste, c'est affreux, et néanmoins notre attention
est constamment tenue en éveil, car l'ensemble de
ces horreurs a quelque chose de grand, de majestueux. Sur la droite, se découvre tout à coup, un
vallon solitaire fermé par des montagnes hautes
de 3,600 mètres formant cul-de-sac. Nous arrivons
à Gœschenen au confluent de la Gœscheneureuss
avec la Reuss.

Soudain, brusquement coupé à angle droit,
surgit à nos yeux la plus formidable barrière qu'il soit possible à l'imagination humaine
de se représenter. La masse inaccessible du
Gothard est là qui se dresse audacieuse, et semble
vouloir nous barrer le passage ; mais le génie de
l'homme a vaincu l'inaccessibilité, car sur le fond
terriblement accidenté de cette masse sombre,
extraordinaire, se détache à peine, — comme un
trou de souris, — l'entrée du grand tunnel.

Grâce à la vallée de la Reuss, qu'il a suivie
jusqu'ici, le chemin de fer a pu contourner les
monts, franchir les cours d'eau, ou passer les
tunnels sous des versants relativement courts. Au
pied du Gothard, rien de tout cela ne se peut

plus, il faut s'y arrêter ou traverser la montagne par un parcours souterrain de quinze kilomètres, et si le lecteur veut s'en assurer, jetant les yeux sur une carte de la Suisse et des pays limitrophes, il verra bien que nous sommes en face d'une gigantesque muraille à dentelures, la plus élevée de toute l'Europe. Muraille qui forme le noyau des Alpes proprement dites, sur une étendue de huit cents kilomètres. Dès lors, il est compréhensible, que cet obstacle ne pouvait plus être tourné, d'où le percement du tunnel. Travail de cyclope qui s'est fait à force de temps, de patience, d'efforts surhumains, d'art, de science et surtout d'argent.

C'est pour la seconde fois que s'est accomplie cette opération du percement des Alpes. Depuis longtemps, chacun sait ça, les chemins de fer français et italiens sont en communication directe par le tunnel du mont Cenis dont la longueur est de douze kilomètres et demi. Il serait à désirer toutefois, que bientôt une troisième ouverture fût pratiquée à travers le Simplon, d'accord avec la France, la Suisse et l'Italie. Pourquoi ne pas l'avouer ici avec regret, et dans un moment d'expansion patriotique, le chemin de fer du Saint-Gothard, dont nous mettons en lumière les heureuses dispositions, est surtout appelé à faire un tort considérable au commerce français. Il transporte actuellement du Nord au Sud et à la Méditerranée, par Gênes, les produits qui jusqu'alors, étaient transités sur notre territoire. La création du nouveau tunnel, dont la longueur serait de plus de dix-huit kilomètres, et la construction au-delà d'un tronçon de chemin de fer pourraient seules, dans une certaine mesure, rétablir l'équilibre rompu par cette trop sérieuse concurrence. La France, dont les ressources sont toujours immenses, devrait prendre au plus vite l'initiative, en offrant de souscrire pour une très large part dans les dépenses à faire. Il nous semble qu'alors, elle obtiendrait facilement des deux autres puissances intéressées la coopération nécessaire à cette grande entreprise internationale. Ainsi soit-il.

Après la station de Gœschenen, nous voyons pour la dernière fois la Reuss, dont nous quittons la vallée. Cette fois, c'est en torrent convulsif qu'elle descend des flancs du mont Gothard, l'une de ses sources. Nous la franchissons sur un pont élevé de trente-mètres.

Le sifflet aigu se fait entendre longuement à trois reprises différentes. Ainsi annoncée, une scène d'un autre genre, va commencer pour nous. Ce n'est pas sans ressentir une certaine émotion, que nous pénétrons sous le grand tunnel ! Il est dix heures. Dans cet autre Tartare, la machine s'avance toute frémissante. A sa suite, s'engouffre a chaîne du train ; il se fait aussitôt un vacarme épouvantable, quelque chose comme qui dirait un affreux cliquetis de ferraille, auquel viennent s'ajouter les gémissements de la vapeur, et toutes sortes d'autres bruits mystérieux. Pour parer à une obscurité plus noire que la nuit elle-même, les employés ouvrent tout grands les becs de gaz.

A la blanche clarté du jour a succédé une espèce de crépuscule, qui va vite s'affaiblissant, et sans autre transition, le gaz jette sa lumière jaunâtre à l'intérieur du wagon, donnant aux objets des tons divers, et formant des ombres multiples et tremblotantes. De distance en distance, un trait lumineux vient rayer horizontalement la glace des portières. Véritablement, on croirait voir surgir ces flammes légères et fugitives qui, sous le nom de feux-follets, s'élèvent quelquefois le soir des endroits marécageux. Cet effet est simplement produit par les lampes placées en dehors à tous les kilomètres. Sous cette clarté vite disparue, nous avons néanmoins le temps de remarquer le suintement luisant qui se dégage des parois du revêtement. A la naissance de la voûte court longitudinalement, un tuyau percé de petits trous, d'où s'échappe l'air frais refoulé par les machines installées aux deux extrémités du tunnel. Bientôt, les vitres du wagon sillonnées de gouttelettes prennent une teinte grisâtre, sous l'action de la buée qui les recouvre et se forme sous l'influence d'une chaleur excessive.

Pour nos amis du Kùlm et pour nous, ce moment de notre voyage est épisodique, chacun communique vivement ses diverses impressions. Littéralement empoignés, et pris d'un enthousiasme indescriptible suffisamment expliqué par ce concours de circonstances, nous faisons sur nos carnets respectifs échange de notes et de signatures, afin de perpétuer le souvenir de notre passage en commun du Gothard. Puis, sous ces

mystérieuses profondeurs, rapidement entraînés
sur le sol libre de la noble et fière Helvétie, nous
entonnons à pleins poumons le chant national
français. Emues et transportées, nos voix dominent le tumulte du train. C'est pour la première
fois, bien sûr, que les accents sublimes de la *Mar-
seillaise* résonnent sous ces sombres voûtes ; mais
qui pourrait affirmer que jamais les échos extérieurs de la montagne ne les auraient répercutés ?
Soult et ses héroïques soldats, nos ancêtres, n'ont-
ils point en effet foulé jadis les sentiers abrupts
qui se croisent au-dessus de nos têtes ; et les éclats
de notre hymne guerrier, alors dans tout son prestige, ne les conduisaient-ils point presque toujours
à la victoire !

Tout à coup, du wagon précédent, retentissent
inopinément par réciprocité et qui sait, peut-être
aussi pour la première fois en ce lieu, les accords
bruyants d'une société instrumentale, celle de
Lucerne, qui en même temps que nous a pris le
chemin de fer pour se rendre à Lugano. Tenant
compte du milieu dans lequel nous nous trouvons,
nous avouerons que cette audition nous fait
plaisir ; toutefois, les motifs du morceau exécuté,
nous plaisent moins que la plupart de ceux de
nos bons compositeurs français ; l'harmonie, laisse
à désirer, l'émission est saccadée. La musique est
originale, il est vrai, mais trop nuancée, pleine de
hâchures et de brusques transitions ; c'est bien là,
et cela se comprend, du reste, le genre monta-
gnard dans toute sa couleur locale.

Une faible lueur pénètre dans le wagon, elle

augmente peu à peu et fait pàlir la flamme des
becs de gaz; puis enfin le grand jour se déclare.
Il est dix heures et demie. Après trente minutes
de traversée, nous sortons du souterrain le plus
long qui existe actuellement dans le monde entier,
trait d'union de quinze kilomètres entre le sud et
le nord, tracé dans les entrailles d'une montagne. Il était temps d'en sortir, la chaleur y
devenait intolérable. Nous abaissons les cadres
des portières pour renouveler l'air, et tous, nous
épongeons nos visages ruisselants. La musique de
Lucerne termine son morceau: bien entendu, nous
l'applaudissons vigoureusement.

De ce côté du Gothard, sur le versant sud,
nous débouchons dans le val Leventina, arrosé par
le Tessin, rivière très importante qui traverse le
lac Majeur, et va se jeter dans le Pô, après un
trajet de cent cinquante kilomètres. Les eaux du
Tessin rapides et très agitées, coulent d'abord en
torrent de l'ouest à l'est; le chemin de fer suit
leur cours jusqu'à Guibiasca. Bien, qu'à vol d'oiseau, nous soyons à quatorze kilomètres de la
frontière italienne dans la direction nord-ouest,
nous allons parcourir, presque dans toute son
étendue (quatre-vingts kilomètres) le canton du
Tessin, lequel forme une pointe très prononcée
sur le territoire italien du nord au sud. Les habitants de ce canton sont de mœurs et d'origine
italienne; ils en parlent la langue.

La vallée du Tessin s'annonce sous un aspect
moins sauvage que celle de la Reuss, que nous
venons de quitter. Les montagnes ont des formes

plus douces et plus arrondies, leurs pentes sont couvertes d'une belle végétation. La vue se repose enfin sur des sites plus riants. Airolo est la station qui se trouve à l'entrée sud du grand tunnel, à 1.145 mètres au-dessus du niveau de la mer. Deux cents maisons de cette commune ont été incendiées le 17 septembre 1877. A droite, le Tessin descend d'une vallée très exposée aux avalanches; vingt-huit hommes en 1863, sept en 1878 et trois jeunes filles en 1881, en furent les victimes. Depuis l'inauguration, le service des trains a été interrompu, pendant deux jours, par suite d'un éboulement survenu au-dessous d'Airolo. Disons à ce sujet que nous ne serons nullement étonné d'apprendre, dans la suite, qu'il en a été quelquefois ainsi. Quand on a vu comme nous au milieu de quel chaos est construit ce chemin de fer, le contraire serait plutôt de nature à surprendre. Il faut qu'on sache bien, au surplus, que nous le visitons moins de trois mois après son achèvement, et que l'hiver, par conséquent, est encore à donner la mesure de ses rigueurs.

A la suite d'un petit tunnel, nous nous trouvons dans le défilé intéressant de Stalvedro, où six cents Français, en 1799, tinrent tête à quatre mille Russes. Un peu plus loin, nous remarquons à droite une cascade très bruyante et, de l'autre côté, sur le bord fort élevé d'une montagne, une tour qu'on nous dit être un observatoire. En bas, dans la vallée, nous voyons un champ de houblon. Cette plante grimpante qui croît abondamment sur le terroir de notre ville, alors que nous la retrou-

vons si loin, et dans de tels parages, a le don de
nous causer une agréable surprise.

Entre Fiesso et Faïdo, neuf kilomètres, nous
descendons la voie sur la pente accentuée de
vingt-six pour mille. Ce court trajet, est marqué
par sept tunnels dont deux hélicoïdaux. Le chemin
de fer ensuite se risque en un véritable gouffre,
large crévasse que s'est frayée le Tessin au
milieu des rochers à pic du mont Platifer. Dans
cette gorge terrible, la rivière jaillit avec un bruit
affreux ; ses ondes s'élèvent et s'abaissent en gros
bouillons, et viennent se briser contre les puissantes murailles, qui la circonscrivent.

Trois fois différentes, en décrivant de nouveau
des courbes étagées les unes sur les autres, nous
franchissons à l'entrée et à la sortie des tunnels,
les précipices formés par le Tessin, sur des ponts
en fer dont la longueur atteint cent mètres. Dans
ce dédale, la voie trace un 8 de proportions
extrêmes et c'est un tableau bien attrayant que
d'y entrevoir les ondulations argentées de la
rivière. Entre Lavorgo et Giornico, les mêmes
détours recommencent, et cette fois, c'est un
gigantesque 6 que nous développons en tournant
à l'intérieur des deux derniers tunnels hélicoïdaux.

Nous arrivons en plein pays de riche végétation
méridionale. Ici, la vigne règne en souveraine
maîtresse. Elle s'enlace, grimpe sur les échalas
verticalement, horizontalement, et forme des ber-
ceaux et galeries couvertes, qui s'étendent en tous
sens. Les paysages, commencent à se dessiner ;

partout se montrent les noyers, les marronniers et les mûriers.

Giornico, rappelle un fait historique d'une importance aussi invraisemblable qu'extraordinaire. Le vingt-huit décembre 1478, six cents Suisses auraient battu quinze mille Milanais, après en avoir massacré plus de quinze cents.

A une heure vingt-cinq, nous sommes à Bellinzona (station entre deux tunnels) chef-lieu du canton du Tessin, ville forte, dont nous voyons les vieilles tours sur le flanc des montagnes. Nous avons visité cette ville ; ses monuments ont un caractère italien, nous en reparlerons au retour.

A Giubiasca, la vallée s'ouvre enfin en large éventail. A une faible distance, nous voyons briller les eaux du lac Majeur, le second grand lac italien dont la longeur est de soixante kilomètres, et qui renferme le groupe fameux des îles Borromées. Nous cotoyons longtemps une montagne, sur le versant de laquelle l'œil plonge dans une grande profondeur. C'est à Giubiasca que, sans changement de voiture, nous abandonnons la vallée du Tessin et la grande ligne, qui, par une double bifurcation dans la direction ouest, longe le Tessin et le lac Majeur, pour se rendre d'un côté à Locarno de l'autre à Pino, où elle se raccorde à un autre chemin de fer italien en construction. Justement, bien au-dessous de la voie que nous suivons, nous apercevons, filant à toute vapeur vers Locarno, un train qui semble, d'où nous nous trouvons, un véritable jouet d'enfant. Cette ville de Locarno, éloignée de seize kilomètres, nous la distinguons parfaitement, devant nous, sur les bords du lac.

La voie à Giubiasca est descendue à son mini-
mum, 232 mètres au-dessus du niveau de la
mer. Après avoir suivi quelque temps la pente de
dix pour mille, nous gravissons de nouveau celle
de vingt-six pour mille, longue de onze kilomètres,
sur le mont Cenere, que nous achevons de traverser
ensuite sous quatre tunnels, dont un de 1675 mètres, pour arriver à une élévation de 475 mètres.
Après quoi nous descendons neuf kilomètres
sur une pente de vingt-un pour mille. Sortis d'un
autre tunnel de 934 mètres, nous arrivons à deux
heures quarante-cinq à Lugano, la ville, la plus
belle, la plus riche et la plus importante du canton du Tessin, située sur les bords enchanteurs du
joli lac qui porte son nom.

Lugano est pittoresquement étendu en demi
cercle au pied de vertes montagnes, sur les pentes
desquelles sont assis des chalets et des villas. Ses
blanches maisons se mirent coquettement dans les
eaux bleues du lac. Le séjour de cette ville, paraît-
il, est très agréable et le climat très doux.
Les malades, souvent avec succès, y viennent chercher le rétablissement. Malgré notre désir de visiter Lugano, nos amis et nous avons le regret de
passer outre, nos jours d'excursions étant limités.
Le lac de Lugano, a une longueur de trente-cinq
kilomètres.

Les musiciens de cette ville sont sur le quai de
la gare; ils sont venus devancer leurs collègues
de Lucerne. Les hourras et les vivats éclatent
de toutes parts; notre départ s'effectue au son de

joyeuses fanfares. Nous décrivons une demi circonférence sur une haute digue ; le lac est à nos
pieds, la ville que nous quittons en face, et au-
dessus les cimes des montagnes. Ce site est ravissant, nous le recommandons spécialement aux
excursionnistes. A trois heures quinze, en trois
quarts de minute, sortant d'un tunnel pour rentrer
dans un autre, et quittant une rive du lac pour
l'autre rive, nous traversons le lac sur un immense viaduc de six cent soixante mètres. Nous
laissons à penser si cet autre passage, à pied sec,
a quelque chose de splendide avec une telle perspective à gauche et à droite.

Nous arrivons à Chiasso, dernière station du
chemin de fer du Saint-Gothard, située sur la ligne
de démarcation de la frontière et commune aux
deux compagnies, suisse et italienne. L'horloge à
double cadran marque au nord trois heures quarante-deux, au midi quatre heures deux. Nous
nous rendons à la douane, où nous subissons la
longue et minutieuse inspection de nos bagages.
Au bout de vingt minutes, nous prenons place
dans les wagons italiens, moins commodes et plus
étroits que ceux que nous venons de quitter. Il
nous reste à parcourir quarante-huit kilomètres
jusque Milan.

C'est par une pluie battante, et qui n'a pas
discontinué depuis notre départ de Lucerne,
que nous pénétrons sur le sol classique de
la vieille Italie. Bientôt, au sortir d'un premier
tunnel, nous tombons sur l'extrémité sud du lac

de Côme, puis en quelques minutes à la station de
ce nom.

Côme, trente-deux mille habitants, patrie des
deux Pline et du célèbre physicien Volta, est une
ville très ancienne et très renommée; son lac
connu de la plus haute antiquité, se trouve au
bas des dernières ramifications des Alpes. Son
étendue est de soixante-onze kilomètres ; ses rives
magnifiquement décorées, sont un but de prédi-
lection pour les heureux touristes qui peuvent s'y
arrêter en passant.

Entre Côme et Camerlata, les sinuosités du chemin nous permettent de voir à plusieurs reprises
sur le sommet d'une colline élevée, les faces d'une
tour carrée, toute en ruines, dans laquelle en
1277, par ordre de Visconti, seigneur de Milan,
mourut de faim, enfermé dans une cage de fer, un
noble nommé Napo. Après avoir dépassé Côme, il
nous reste encore à nous arrêter à neuf stations
et à traverser quatre tunnels et un viaduc. Au
point de vue topograhique, nous n'avons plus à
relever rien de bien intéressant.

La ligne du Gothard de Lucerne à Chiasso,
dessert trente-neuf stations. Celle de la haute
Italie, jusques et y compris Milan, en dessert onze ;
on compte donc un total de cinquante stations,
puis 67 tunnels et onze grands viaducs.

Quelques instants avant l'arrivée du train à la
frontière, nous avions remarqué déjà, que l'élévation des montagnes allait toujours en diminuant ;
à Côme, leur altitude n'atteignait plus mille
mètres. Notre passage des Alpes, sur une étendue

de plus de deux cents kilomètres du mont Righi au mont Olimpino, a duré dix heures. Les montagnes donc sont ramenées à la hauteur de simples collines, encore quelques ondulations, quelques plis de terrain et nous allons rouler sur l'immense plaine de la Lombardie. La voici, qui se développe à perte de vue avec ses champs plantureusement couverts de riz, de maïs et de mûriers.

A toutes les stations italiennes, montent beaucoup de jeunes gens, qui, comme réservistes, répondent à l'appel du gouvernement pour une période de quarante jours ; ils paraissent très gais, et chantent à tue-tête ; parmi eux nous comptons plusieurs prêtres. Contrairement à ce qui se passe en France, on nous affirme qu'en Italie, les prêtres satisfont, du moins dans une certaine mesure, aux exigences du service militaire. A Monza, tous ces jeunes gens descendent, ils sont quelques centaines. Passant sous une galerie couverte, ils se rendent sous la conduite d'officiers, dans un local qui touche à la gare.

Monza, est une ville de vingt-sept mille habitants, elle possède une cathédrale célèbre, dans laquelle se trouve la fameuse couronne de fer des rois lombards qui servit à Napoléon premier, lorsqu'en 1805, il se fit sacrer roi d'Italie.

Enfin, à six heures trente, nous arrivons à la gare centrale de Milan, après un trajet de trois cent quarante kilomètres, accompli en douze heures quarante minutes.

Milan, trois cent mille habitants, ancienne capitale du royaume Lombard-Vénitien, quarante-huit fois assiégée et vingt-huit fois conquise à travers les siècles, était retombée sous la domination autrichienne depuis 1815. En 1859, elle s'affranchit de ce joug après la bataille de Magenta gagnée par les Français et fut, l'année suivante, définitivement réunie au royaume italien. Cette ville, entourée d'une enceinte bastionnée entre l'Adda à l'est et le Tessin à l'ouest, se trouve dans une vaste plaine limitée par les Alpes et les Apennins.

Milan est une des plus belles cités du monde, on la nomme avec raison le Paris-italien. Les monuments et les palais sont construits dans le plus beau style ; les places sont grandes, et les jardins superbes. Les rues sont larges, spacieuses et très propres ; elles sont pavées avec des cailloux ou galets de montagnes de couleur bleuâtre ; nous n'y voyons pas de trottoirs proprement dits, mais la partie de la chaussée, qui en tient lieu, est légèrement soulevée en pente douce jusqu'au niveau des habitations. De chaque côté de cette chaussée légèrement bombée, court parallèlement au ruisseau, un double ruban de dalles de granit sur lesquelles les voitures roulent aisément. Les maisons bien bâties sont peu élevées, deux à quatre étages au plus ; elles sont pour la plupart couvertes en pannes.

Sur le quai de la gare, nous avisons l'omnibus de l'hôtel du Serpent, qui nous avait été recommandé à Lucerne ; mais, comme il ne peut nous contenir tous, nous y déposons simplement nos bagages ; puis traversant la place de la gare, un

5

petit tunnel sous les remparts, et, franchissant le
canal circulaire, nous montons en tramway. Les
moyens de locomotion sont à Milan très variés: ici,
les tramways traînés par des chevaux, remorqués
par la vapeur, ou mus par l'air comprimé ; là, les
omnibus, les voitures de place ou de remise, tout
cela à profusion est mis à très bon marché à la
disposition du public. A preuve que, pour nos
deux sous, le tramway de la place du Dôme nous
transporte et pourrait même nous ramener à la
gare sans autre déboursé.

Nous entrons dans Milan par la rue du Prince
Humbert ; au bout de quinze bonnes minutes, nous
sommes à destination. De suite, à nos yeux émer-
veillés, apparaît dans toute sa magnificence, la
cathédrale, cette huitième merveille du monde,
construite tout en marbre blanc.

Remontant la place à pied, et la rue de
l'Archevêché, nous débouchons sur la place de la
Fontaine ; à l'un de ses angles, se trouve l'hôtel que
nous cherchons.

Sitôt installés, et les désordres de notre toilette
réparés, nous descendons dans la spacieuse salle à
manger, où nos estomacs se réconfortent à souhait.
Pour terminer la soirée, nous nous rendons à la
brasserie de la Scala, contiguë au théâtre de ce
nom, on y fait tous les soirs de la musique, sous
les arcades. A peine avons-nous pris place autour
d'une table, à l'extérieur, qu'un orage épouvantable vient à éclater et à couronner trop dignement
cette journée déjà si pluvieuse. Jamais nous
n'avons assisté à pareil déchaînement de la

nature : les éclairs, le tonnerre, se succèdent sans interruption ; les ondées torrentielles tombent avec fracas, et convertissent bien vite la chaussée en rivière impétueuse. Le ciel, qui pourtant depuis le matin a dû épuiser toutes ses cataractes, y met en ce moment une telle recrudescence, qu'il semblerait vouloir abîmer Milan dans un nouveau déluge.

C'est aux sons discordants de ce concert monstre, que vers neuf heures du soir, notre plume griffonne sur le papier les nouvelles que nous voulons envoyer au pays.

Il est près de onze heures, quand il est possible de se risquer dans la rue. pour rejoindre l'hôtel où nous trouvons le repos, à la fin de la seconde journée si fructueusement employée.

CHAPITRE IV. — TROISIÈME JOURNÉE

Le Dôme de Milan. — Son Panorama. — Promenade en Ville. — Visite des monuments.

Cette fois, le ciel bleu tant vanté de l'Italie se montre dans tout son éclat, et le dimanche 27 août comptera parmi les plus belles journées que nous ayons eues.

Avant de quitter la chambre de l'hôtel, du haut du balcon de notre premier étage, nous jetons un coup d'œil sur la place rectangulaire, qui est devant nous. Au centre, s'élève une fontaine monumentale en granit rouge ; et tout autour, sont plantés des arbres à l'ombre desquels, s'agite déjà la foule matinale. La façade principale de l'archevêché donne sur cette place.

Notre première visite est pour la cathédrale, nous y entrons par une des portes latérales et sans tarder, moyennant trente centimes, nous montons l'escalier qui conduit sur le toit et au sommet de la tour. Cet escalier large, commode et bien aéré, est d'un accès très facile ; ses quatre cent quatre-vingt-six degrés sont en pierre disposés par trois et un palier pour un tour. Lorsque nous en avons compté cent cinquante-huit, nous nous trouvons sur la terrasse supérieure du côté du chevet de l'édifice. Nous la traversons pour nous rendre à la naissance du dôme, dont nous faisons l'ascension en quelques minutes, ainsi que celle de la tour qui le termine. Lorsque nous sommes au sommet, à cent onze mètres au-dessus du niveau de la place, nous jouissons du plus somptueux panorama qu'il soit possible de rêver.

D'abord, tout autour de nous, la ville de Milan, avec ses places, ses monuments, ses églises flanquées de leurs clochers, ses portes et ses maisons aux toits de couleur rouge. En bas, la place du Dôme avec ses palais, ses arcs et ses portiques. Au second plan, la plaine vaste et fertile qui étend sa circonférence à une énorme distance. Puis les premières montagnes des Alpes, et à l'horizon les cimes blanches des hautes Alpes si éloignées, entr'autres : le mont Rosa, d'abord, dont les masses imposantes brillent d'un vif éclat. Après lui, le groupe de l'Oberland-Bernois, ensuite le mont Viso, le mont Cenis. Plus loin encore, à cent quatre-vingts kilomètres, un peu à droite de la pointe du frontispice vers l'ouest, la cime la plus élevée de l'Europe : le mont Blanc (4,810 mètres). Cette profusion de cimes aux altitudes diverses, sombres ou argentées sur l'azur du ciel, selon qu'elles sont ou non couvertes d'une neige perpétuelle, forme à notre droite un splendide demi-cercle d'une étendue prodigieuse. A notre gauche, la chaîne des Apennins, occupe le fond de la perspective.

Ramenant nos regards de plus près, nous découvrons en plaine les lieux auxquels se rattachent des faits historiques souvent glorieux pour la France. Nous citerons seulement Magenta, à quinze kilomètres, dont le champ de bataille vit couler à flots le sang de notre nation généreuse pour faire grande et indépendante l'Italie, qui....... Sous nos pieds, enfin, la partie supérieure du monument que nous dominons fixe longtemps notre attention. Les balcons, les escaliers, les terrasses s'y montrent partout en quantité. Une forêt d'aiguilles (nous en comptons cent trente-cinq), surmontées de statues, surgissent de toutes parts. Au-dessus de nos têtes, la tour se termine par une statue de quatre mètres, en cuivre doré, représentant sainte Marie-Majeure. Un cercle métallique et des fils de fer convergents, obliquement attachés à l'édifice, la protègent contre les coups de vent. Parmi toutes ces statues, nous remarquons celles d'Adam et d'Eve. La quatrième, sur la ligne de faite, est celle de Napoléon Ier. Tous ces divers ouvrages, dont nous admirons les détails artistiques, sont taillés dans le marbre blanc.

A huit heures vingt-sept, sur le troisième pilier à gauche de l'escalier, nous marquons nos initiales E. D., 1882, et nous descendons.

La terrasse supérieure du toit est pavée de larges dalles légèrement inclinées, nous la parcourons en tous sens. Une promenade sur les toits de la cathédrale de Milan n'offre pas plus d'inconvénients qu'en rase campagne. On est fortement émerveillé au milieu de ce labyrinthe, et l'impression sublime que l'on y ressent doit laisser à tous un souvenir ineffaçable. Ne foule-t-on point, en effet, un monument unique au monde ayant cinq siècles d'existence, et qui néanmoins n'est pas encore complètement achevé ! l'imagination se donne libre carrière et se prend à évoquer forcément les souvenirs du passé.

Par un bel escalier droit à double rampe, de trente-quatre marches, nous nous rendons sur la terrasse inférieure. Sur ces sommets, le croirait-on? des industriels de divers genres sont installés. O bonheur! on y trouve même de ces petits *buenretiro*...., si utiles, lorsqu'ils se présentent à propos, et dans lesquels on est heureux de passer seul un instant.

Aussitôt avoir longé la balustrade en marbre qui exhausse le mur extérieur de la cathédrale, nous remontons plus loin un second escalier semblable au premier où, nous retrouvant à notre point d'arrivée, nous redescendons définitivement.

Après avoir respiré dix minutes, sur la place du Dôme, nous nous mettons en rapport avec un guide parlant le français. Les conditions discutées et acceptées, celui-ci se met à notre disposition pour le reste de la journée et nous rentrons ensuite dans l'intérieur de la cathédrale. La description complète de ce monument, à coup sûr, nous mènerait trop loin, nous serons donc aussi succinct que possible.

La cathédrale ou Dôme de Milan, commencée en 1386, bâtie en forme de croix latine, est la plus grande qui existe après Saint-Pierre de Rome et celle de Séville. Sa longueur est de cent quarante-huit mètres, sa plus grande largeur de soixante-quatre. Les voûtes en ogive des cinq nefs sont soutenues par cinquante-deux colonnes hautes de vingt-quatre mètres. Ce qui, à notre humble avis, ôte un peu du prestige de ce gracieux monument, — le seul reproche que nous voulions lui adresser, — ce sont les trompe-l'œil de ses voûtes, si habilement ménagés, qu'on croirait admirer une sculpture véritable, alors qu'on a simplement devant les yeux de la peinture imitative en clair-obscur.

Au-dessus de l'entrée principale, deux colonnes en granit rouge d'un seul morceau de dix mètres sur un mètre vingt de diamètre, soutiennent un balcon orné des statues colossales de saint Charles et de saint Ambroise. C'étaient, paraît-il, les deux plus grands monolithes trouvés en Europe avant la découverte de ceux qui se trouvent dans la construction de l'église saint Isaac, à Saint-Pétersbourg. Un peu plus loin, un filet de cuivre incrusté, coupe transversalement la mosaïque du pavé ; dans la muraille à droite est ménagé, à dessein, un tout petit trou ; lorsque par là, le soleil projette exactement son rayon le long du filet, il est midi précis. Cette méridienne, en un mot, a été tracée en 1786.

La décoration intérieure est d'une richesse extraordinaire, les œuvres d'art y abondent, malheureusement, le jour qui règne en ce lieu, affaibli par les vitraux, empêche de distinguer les objets comme on le désirerait. A gauche de l'entrée, nous remarquons une grande cuve de porphyre en forme de baignoire, qu'on suppose avoir appartenu aux thermes de Maximilien-Hercule, empereur romain, et dans laquelle on baptise par immersion selon le rite ambroisien. Çà et là dans

les chapelles latérales, sont de fastueux tombeaux
en marbre ; signalons celui des Médicis, dont le
dessin est attribué à Michel-Ange. Les deux
chaires de vérité qui entourent les piliers de la
coupole du côté du chœur sont des chefs-d'œuvre;
elles sont en bronze doré, couvertes de bas-reliefs et
reposent sur des cariatides gigantesques également
en bronze, représentant les quatre évangélistes et
les quatre docteurs de la foi. Les vitraux qui
décorent les trois immenses fenêtres de l'abside,
derrière le maître-autel, sont d'un effet majestueux;
Ils représentent des scènes tirées de l'histoire
sainte; ceux du milieu ont été peints par le
français Nicolas Bonaventure. En face de chacune
des sacristies est une grille de fer et un escalier
qui conduit à la crypte où repose le corps de saint
Charles Borromée, archevêque de Milan, revêtu
de ses habits pontificaux. L'art, avec un véritable
raffinement, a épuisé toutes ses ressources pour
embellir ce monument, la châsse est en argent,
les panneaux sont en cristal de roche et les
moulures en vermeil. L'intérieur de la crypte est
orné de bas-reliefs en argent ; il est éclairé par un
grand soupirail entouré d'une grille circulaire
placée dans l'église, juste au-dessous de la coupole.

On pourra se donner une idée du luxe d'ornementation de cette chapelle funèbre en ajoutant
qu'elle a coûté quatre millions de francs.

Parmi les collections précieuses entassées
dans la cathédrale, on montre surtout plusieurs
ouvrages inestimables de Benvenuto-Cellini.

A onze heures, nous entendons chanter la

grand'messe par les choristes, petits et grands, de
la maîtrise ; l'accompagnement est donné par un
orgue puissant, dont les vibrations emplissent
le vaste vaisseau du temple de marbre. Il nous
semble que les airs sacrés du rite ambroisien
diffèrent assez sensiblement de ceux du rite romain
suivi par le clergé français. Les fidèles assistent
debout à la cérémonie ; les sièges sont inconnus.

En sortant, vers midi, nous remarquons que les
entrées sont garnies de portières en étoffe de
laine jaunàtre relevées au milieu par des embrasses
frangées, c'est une mode partout en usage en
Italie.

Au dehors, l'ensemble de la cathédrale est très
imposant, quoique n'étant point une œuvre
capitale, il n'en fait pas moins le plus gracieux
effet, malgré son mélange de Gothique et de
Roman, qu'expliquent les différentes phases
historiques par lesquelles a passé la ville de
Milan. La façade n'a qu'un frontispice, elle compte
cinq portes, cinq fenêtres romanes et trois
gothiques ; elle est ornée de quarante-sept bas-
reliefs, et de deux cent cinquante statues. Le
pourtour est flanqué de nombreux contreforts
et piliers surmontés de pyramides ou aiguilles
portant chacune une statue en marbre blanc,
sans préjudice de celles qui les garnissent
dans toute la hauteur. Le nombre des statues qui
contribuent à la décoration extérieure est de deux
mille six cents ; à l'intérieur, il est de sept cents,
encore est-il incomplet, puisqu'il devra être porté
plus tard au chiffre respectable de quatre mille.

A partir de 1805, sous la domination française,
les travaux de ce superbe monument prirent une
grande extension, quatre millions y furent dé-
pensés en peu de temps, et cependant il n'est
point encore achevé. Sa dotation annuelle est de
cent dix-neuf mille francs pour les réparations et
les frais du culte.

Le Palais Royal est à proximité du Dôme, sur la
place qui porte ce nom, nous nous y rendons immédiatement. D'abord sous le porche, nous saluons
respectueusement le suisse gravement assis dans
la loge où il se tient immobile. Il est tout chamarré, couvert de beaux habits rouges et coiffé
d'un bicorne galonné. Ajoutons enfin que ce personnage est un beau vieillard à barbe blanche.
Sous la conduite du gardien, nous visitons les
pièces nombreuses qui se suivent, et constituent
les appartements particuliers et salons de réception
du roi Humbert d'Italie, et de la reine Marguerite.
Ces appartements sont meublés avec un luxe
inouï : on y voit de beaux tableaux, beaucoup
de tapisseries des Gobelins et des curiosités de
toutes sortes. Le portrait du roi (à la forte
moustache paternelle) et celui de la reine, sont
frappants de naturel ; il y a aussi quelques
portraits de Napoléon premier. La salle du trône,
ou salon des cariatides, est la plus vaste du palais,
le plafond est orné d'une jolie fresque: l'apothéose
de Napoléon premier, représenté sous la figure
de Jupiter sur un aigle. Nous nous arrêtons avec
plaisir devant une statue dont la figure se dessine

parfaitement à travers son voile de marbre blanc percé à jour.

Des lustres aux cristaux étincelants garnis de milliers de bougies sont suspendus au plafond. Cet antique palais de résidence date de 1330, et a été restauré au dix-huitième siècle.

Il est une heure, à la hâte nous déjeunons, et comme le temps presse, nous prenons trois voitures (car nous nous sommes rencontrés avec d'autres excursionnistes.)

Nous voici bientôt en face du palais des Sciences et des Arts, la plus grande curiosité artistique de Milan. Nous traversons la cour intérieure entourée de portiques dont les étages sont soutenus par des colonnes accouplées; au milieu, se dresse nue la statue pédestre en bronze de Napoléon premier. Dans la galerie des tableaux, nous admirons les ouvrages des grands maîtres de l'Ecole Italienne, au premier rang desquels se place la fameuse toile de Raphaël : *Le Mariage de la Vierge Marie*, cette œuvre d'une perfection idéale, aujourd'hui soustraite au contact de l'air derrière une glace enchassée dans le cadre. Puis triés dans ces trésors de l'art, *Abraham chassant Agar*, de Guernice ; *La Prédication de Saint-Marc*, de Bellini ; *La Vierge et l'Enfant*, de Luini ; *La Vierge,* de Léonard de Vinci ; enfin, la composition si originale d'Albano : *La Danse des Amours* et beaucoup d'autres sujets remarquables. Dans le musée d'antiquités nous voyons la statue équestre du féroce et proverbial Barnabé Visconti, duc de Milan.

Nous entreprenons ensuite une course rapide à travers les grandes et les petites rues de Milan. A peine avons nous en passant, le temps de jeter à la dérobée un regard platonique sur les vives et gracieuses madonnas endimanchées et coquettement parées de leurs mantilles de noire dentelle ; à leurs côtés, pend l'éventail qu'elles savent agiter avec grâce et souvent, car il fait très chaud.

Nous entrevoyons la porte Magenta, et nous descendons de voiture devant l'Eglise de Sainte-Marie-de-la-Grâce. C'est dans l'ancien réfectoire du couvent contigu à cette église, que se trouve le célèbre fresque de Léonard de Vinci, connue de l'univers entier : *La Cène* occupe toute la largeur, et toute la hauteur de la muraille du fond (dix mètres environ). De ce modèle du maître déjà tant de fois copié, nous remarquons tout autour de nous, sur leurs chevalets, de nombreuses ébauches. On peut dire que ce vieux réfectoire des moines, est maintenant converti en atelier de peinture, où travaillent journellement les artistes désireux de reproduire, à leur tour, cette conception grandiose.

Les personnages de la *Cène* sont rendus avec une expression véritablement saisissante, et avec toutes les qualités d'un talent de premier ordre. Jésus a, sur son calme et beau visage, l'empreinte de la bonté, de la douceur, et ce nous ne savons quoi, qui marque la résignation surhumaine du martyr à la veille de son supplice. La physionomie du traître Judas, au contraire, est d'un aspect

hideux et repoussant ; on devine sous ses horribles
traits, tout ce qu'il y a d'hypocrisie, de bassesse,
de lâcheté et de trahison. François 1er, nous
affirme-t-on, en 1520, aurait eu l'idée de faire
transporter cette incomparable fresque à Paris.
Outre qu'il eût accompli un acte de vandalisme,
nous nous demandons comment ce roi s'y serait
pris, s'il avait tenté de mettre cette idée à exécu-
tion. D'autre part, nous dit notre guide, des
nécessités de l'ordre administratif devaient encore
la faire disparaître à une époque plus récente,
lorsqu'un peintre de grand mérite (la date et le
nom nous ont échappé), s'interposa et obtint que
les choses restassent en l'état. Bien que cette
peinture soit l'objet de soins continuels et qu'elle
ait même été largement retouchée récemment;
il nous semble, si nous en jugeons par les parcelles
qui se détachent de la muraille, qu'il sera
difficile de conserver encore longtemps à l'admiration du monde catholique et profane, cette
merveille de l'art chrétien.

À l'autre bout du réfectoire, on voit une seconde
fresque d'une composition assez bizarre datant de
1495, mieux conservée et représentant le cruci-
fiement.

L'église que nous parcourons après, n'a rien
d'extraordinaire : un grand portail, une belle
coupole et quelques bons tableaux, sont les seules
choses qui attirent notre attention.

À l'ombre des grands arbres, nous faisons le
tour de la place d'Armes, une des plus vastes de
l'Italie (quatre cent mille mètres carrés) servant

aujourd'hui aux exercices militaires ; elle est
précédée d'une ancienne forteresse convertie en
caserne. A l'extrémité de cette place, nous nous
arrêtons devant l'Arc du Simplon, chef-d'œuvre
d'architecture moderne, primitivement destiné à
rappeler les exploits de l'armée française et de
Napoléon Iᵉʳ, qui déjà, avait provoqué la reconnaissance publique en favorisant les travaux de
la magnifique route du Simplon. Ce monument, en
raison de sa destination, a subi différentes vicissitudes historiques ; actuellement, ses inscriptions
remémorent certains épisodes glorieux du premier et du second empire, et tout particulière-
ment l'entrée triomphale à Milan des deux armées
alliées en 1859, qui consacra l'indépendance de
l'Italie. L'Arc du Simplon, l'un des plus beaux que
l'on puisse rencontrer, a coûté quatre millions ;
il a trois portiques et huit colonnes accouplées
sur chacune de ses faces ; le tout en marbre
sculpté. Sa plate-forme est animée d'un groupe
en bronze, représentant une victoire dans
un char triomphal trainé par six chevaux ; aux
angles, se détachent quatre statues équestres
tenant en main des couronnes.

Un peu plus loin au nord-est de la même place
se trouve l'Arène, vaste amphithéâtre elliptique, bâtie à ciel ouvert et plantée à l'intérieur
d'une rangée d'arbres parallèle au mur de clôture.
Cette arène, construite en 1805 longue de deux
cent cinquante mètres et large de cent dix sept,
peut contenir trente mille spectateurs assis sur
des bancs de pierre disposés en gradins. Le côté

qui donne sur la place d'Armes a un portique de
huit colonnes corinthiennes en granit.

Des fêtes populaires ont été données en ce
lieu à l'occasion de l'inauguration du chemin de
fer du Saint-Gothard. On y organise des
spectacles équestres et aquatiques selon les
saisons; régates en été, patinage en hiver; en
moins de douze heures, l'eau peut être amenée
et élevée, à la hauteur nécessaire.

· Lorsque nous nous retrouvons sur la place,
d'Armes, nous voyons passer le tramway à vapeur
qui dessert les faubourgs de Milan, les environs,
et se rend à Magenta.

Nous sortons de Milan, par la porte Volta, et
nous nous faisons transporter à huit cents mètres
de là, sur une belle et large avenue, au nouveau
cimetière monumental. A droite de l'entrée, sous
un hangar, est établi le four dans lequel on procède
à la crémation ; chacun sait qu'en Italie, et parti
culièrement à Milan, cet usage tend à se géné-
raliser.

Le gardien qui nous fournit des explications
nous assure que depuis dix-huit mois, plus de
trois cent cinquante cadavres auraient subi cette
opération. Le four rectangulaire et son soubassement qui renferme le foyer sont en maçonnerie
terminée en forme arrondie; au-dessus, s'élève
une haute cheminée en tôle, le tout d'une simpli-
cité primitive. Une plaque de fer, d'un centimètre
d'épaisseur, placée horizontalement sur des galets
à l'entrée du four, reçoit le cadavre, puis deux
roues d'entraînement disposées de chaque côté,

l,amènent sur le dallage intérieur. Selon les cas,
deux plaques différentes sont employées ; l'une est
unie, l'autre hérissée de pointes recouvertes de
manchons en terre cuite réfractaire : s'il s'agit
d'un cadavre, dont la décomposition avancée
oblige de le détruire avec ses enveloppes, on se sert
de la première, et dans ce cas, les cendres après
l'opération sont mélangées de matières étrangères.
Si au contraire, il s'agit d'un corps de mort
récente, on l'étend complètement nu sur les
manchons de la seconde, et les cendres à
recueillir seront alors entièrement pures. La
durée de l'incinération est d'environ deux heures.
Elle est surveillée au moyen de regards en verre
très fort, correspondant avec le milieu et les deux
extrémités du corps. Si nous en jugeons par l'état
des objets qui servent à ces préparations funèbres,
il nous semble qu'ils doivent être souvent remplacés. Nous nous figurons que le four, doit être
entretenu à une température excessive, car les
plaques de fer sont toutes tordues.

D'autre part, la cour dans laquelle est édifié le
hangar, est remplie de débris et de matériaux, qui
prouvent surabondamment qu'on en est encore à
la période d'essai, et que le mode de détruire les
cadavres n'est point encore arrivé à son dernier
degré de perfectionnement.

Quoi qu'il en soit, ajoutons, que comme chez
les peuples antiques, les cendres des morts dont le
corps a été ainsi consumé sont renfermées dans une
urne cinéraire, pour être ensuite déposées en un

6

colombaire de style étrusque construit spécialement à cet effet.

La disposition du cimetière monumental affecte
la forme de la partie supérieure d'une croix, la
façade principale est à colonnades, on y accède
par un large perron. Dans les galeries supérieures,
on remarque des tombeaux superbes sur beaucoup desquels sont placées des statues presque
toutes en marbre blanc, symbolisant la douleur.
Quelques-unes de celles-ci ont une attitude
tellement touchante, qu'on sent l'émotion vous
gagner. Pour donner une idée de la richesse de
ces tombeaux, entre tous, notre guide nous en
désigne plusieurs dont le coût, nous dit-il, est
supérieur à un million.

Les galeries inférieures sont voûtées et disposées de telle façon qu'elles forment, au fur et à
mesure, des caveaux de famille, ou des cases parti-
culières en rapport avec la fortune des concession-
naires.

Le cimetière proprement dit est immense, les
tombes sont arrangées avec goût, les parterres
bien ordonnés et les allées soigneusement entre-
tenues. Tout enfin, dans ce champ du repos, est
pieusement agencé et commande le respect. Ce qui
frappe surtout notre attention, c'est de voir attachée sur presque toutes les tombes, la photographie de la personne décédée.

Cette énumération, nous l'espérons, donnera
une idée du culte profond que les habitants de
Milan ont pour leurs morts ; et pour notre part,
nous voudrions bien que ce culte, cet entretien et

ces dispositions fussent un peu mieux imités chez nous, dans certains cimetières de province.

Rentrés en ville, nous suivons la rue de Moscou dans presque toute sa longueur, celle du prince Humbert, et nous débouchons sur la place Cavour. Sur cette place très irrégulière se trouve le monument élevé à la mémoire du grand ministre qui prépara l'unité de l'Italie. La statue en bronze de Cavour est érigée sur un piédestal très élevé. Assise sur le socle, une seconde statue de même métal personnifiant l'Histoire, burine au bas du piédestal, le nom impérissable de Cavour. Près de la place s'étendent les jardins publics de Milan.

Nous nous rendons place de la Scala et nous pénétrons dans le théâtre universellement connu qui porte ce nom. L'extérieur de l'édifice n'a rien de remarquable, mais l'intérieur, avec toutes ses décorations sur fond blanc et or, est d'une magnificence extrême. On y arrive par un large vestibule donnant accès au parterre et à deux grands escaliers qui conduisent aux cinq rangs de loges superposés. Le total de ces loges, qui ont en outre, chacune son cabinet particulier, est de deux cent quarante, y compris celles qui entourent le parterre. La hauteur du plancher de la salle au plafond est de vingt mètres. Au-dessus de la porte d'entrée est placée la loge royale, très haute et très large avec ses draperies de velours rouge frangées d'or. Les jours de première représentation, quatre mille spectateurs peuvent prendre place dans la salle ; le parterre elliptique, mesurant vingt-cinq mètres sur vingt-deux, à lui

seul, peut en contenir quinze cents. C'est le plus
grand théâtre qui existe après celui de St-Charles
à Naples. L'orchestre est agencé pour cent musiciens.

La scène fort spacieuse a quarante mètres
de la rampe au mur du fond, sur une largeur de
trente-et-un mètres ; la hauteur est de vingt-quatre
mètres, sans les dessous et les dessus. Trois cents
personnes et quarante chevaux y peuvent manœu-
vrer à l'aise ; tout autour, sont disposées sur
plusieurs étages, les loges-cabinets des artistes.
Tous les engins susceptibles d'avoir vivement raison
de l'incendie sont dissimulés de distance en
distance ; nous remarquons de vastes réservoirs
remplis d'eau. En différents endroits, sous le
plancher de la scène, des compartiments spéciaux
contiennent des tuyaux munis de leurs lances,
prêtes à cracher abondamment sur le feu de quelque côté qu'il se déclare. L'éclairage dans la salle
et sur la scène est distribué par près de quatorze
cents becs de gaz, sans compter les lampes à huile
introduites à dessein, depuis le terrible exemple
fourni par l'incendie du grand théâtre de Vienne.

Le concierge du théâtre, qui nous pilote, nous
démontre la puissance d'acoustique de la salle.
Cette puissance, nous dit-il, est unique au monde,
et Garnier, l'éminent architecte de votre grand
Opéra, a vainement cherché à l'imiter. Il est de
fait qu'il est assez extraordinaire de noter
combien sont nettes les émissions qui semblent monter en spirale vers la voûte ; soit que
l'on chante, soit que l'on frappe dans la main.

Profanation! sur cette scène magistrale de la
Scala, illustrée par tant de célébrités artistiques,
les amis du Kulm se font entendre à leur tour —
devant les banquettes, il est vrai. — A coup sûr,
l'échantillon qu'ils donnent de leurs voix n'a pas
la prétention irrévérencieuse de soutenir le
moindre parallèle ; mais ces chants, plus bruyants
que brillants, ont du moins l'avantage de nous
confirmer dans notre appréciation sur l'excellente
sonorité de la salle.

Dans un des larges couloirs de dégagement qui
contournent le vaisseau, nous apercevons les statues des maëstros Verdi et Bellini. Ajoutons enfin,
pour être aussi complet que possible, que le
théâtre de la Scala compte trois foyers latéraux,
dont un très vaste, celui du milieu ; leur superficie
totale est de quatre cent cinquante mètres.
L'école de chant et celle de la danse sont entre-
tenues par la ville de Milan qui subventionne en
outre les directeurs. La première de ces écoles
compte trente élèves, la seconde soixante, sans
les étoiles et les artistes engagés par suite de
contrats spéciaux.

Sortis du théâtre, nous jetons un coup d'œil
sur la place de la Scala. Au centre, se dresse, à la
hauteur de treize mètres, le monument en marbre
blanc du peintre Léonard de Vinci. Aux angles
du piédestal en granit figurent les statues des
quatre élèves du grand maître italien. De l'autre
côté de la place, se trouve le palais communal,
dit palais Marino, où sont installés les bureaux de

la municipalité milanaise et les chambres du conseil.

Il est six heures du soir lorsque nous congédions notre guide ; le brave homme paraît satisfait de notre générosité ; puis, nous reposant, nous prenons le frais en savourant quelques consommations sous les arcades de la Brasserie de la Scala. Au moment de solder notre compte, le garçon, en déduction d'une pièce blanche ou d'un coupon italien que nous déposons dans la sébille en métal qu'il a tirée de sa poche de côté, remet à chacun de nous, et de la même façon, la monnaie qui lui revient. Bien entendu, ici comme en France, nous nous abstenons d'encaisser les derniers sous qui garnissent le fond de la sébille. En Italie, où l'argent et surtout l'or, à ce qu'il paraît sont rares, le gouvernement y supplée en mettant en circulation des coupures de un et de deux francs, moyen peu commode, en vérité, auquel on a eu recours chez nous pendant la dernière guerre.

Il est temps de mettre à profit les quelques minutes de jour qui nous restent pour visiter la galerie Victor-Emmanuel. Cette construction grandiose a la figure d'une croix (de Sardaigne), longue de cent quatre-vingt-quinze mètres ; large de quinze et haute de vingt-six mètres dans ses quatre branches. Elle joint la place du Dôme à la place de la Scala et la rue Silvio-Pellico à la rue Berchet. Le point d'intersection de la croix forme un vaste octogone, large de trente-neuf mètres, dont les piliers supportent la coupole qui s'élève avec hardiesse à la hauteur de cinquante mètres,

Le poids du fer employé dans cette coupole
dépasse, dit-on, trois cent mille kilogr. Le jour
descend abondamment dans toute l'étendue de la
galerie par une voûte en fer forgé entièrement vitrée. Le sol est dallé en marbre de diverses
couleurs, et de telle façon, que l'effet en est très
joli. Les huit fresques qui décorent la coupole, et
les vingt-quatre statues de personnages illustres,
placées de distance en distance, ajoutent encore
à la richesse de l'ornementation intérieure. La
façade principale de la galerie est sur la place
du Dôme ; elle s'ouvre en arc-de-triomphe à trois
entrées, avec colonnes superposées, balcons et
superbe entablement, d'un caractère très artistique.

Lors de la construction de cet arc, en 1877,
l'architecte Mengoni y trouva malheureusement
la mort en tombant d'un échafaudage.

Il y a sans doute de magnifiques passages couverts à Paris : la galerie d'Orléans, au Palais-
Royal, notamment ; d'autre part, les galeries
Saint-Hubert, que nous avons aussi de nos yeux
vues à Bruxelles, sont spacieuses et fort bien
agencées ; mais nous ne pensons pas qu'il existe
encore actuellement, de par le monde, quelque
chose de plus splendide, de plus monumental et
de plus élégant que la galerie Victor-Emmanuel,
à Milan. C'est un des centres d'attraction les plus
animés de la grande ville lombarde, où se donne
rendez-vous, le soir surtout, la population distin-
guée. Les riches toilettes des grandes dames, aussi
bien que les uniformes chamarrés des officiers ita-

liens, brillent de l'éclat le plus vif sous les feux étincelants de l'électricité et des six cents becs de gaz qui, sous la galerie, lancent en tous sens des torrents de lumière. Quatre-vingt-douze magasins étalent leurs somptueuses devantures le long des quatre branches du passage, et, dans leur inté-rieur, on y admire les innombrables produits de l'univers entier.

A sept heures un quart, assis à une table extérieure du café Cnocchi où nous prenons l'apéritif, nous assistons à l'allumage du gaz de la coupole : sur une galerie circulaire fixée à la naissance du dôme, une petite locomotive fait d'abord entendre son sifflet ; puis, mue par un ressort, se met en mouvement, portant sur le côté un flambeau, qui communique le feu aux cent quatre-vingt-douze becs de gaz de la coupole. Cet embrasement quasi instantané d'un cercle de cent vingt mètres, à la hauteur de trente mètres, offre un coup d'œil fort attrayant. Parole d'hon-neur, on se croirait à la mise en action d'une page des mille et une nuits, ou d'un conte de Perrault, d'autant plus que les fées ne manquent pas en ce séjour. Elles apparaissent sous les traits enchan-teurs des belles et sémillantes milanaises mêlées à la foule bigarrée, bruyante et joyeuse qui se croise continuellement. D'autre part, les orchestres retentissants des cafés-concerts jettent aux échos du passage leurs notes harmonieuses; la réper-cussion sous ces magnifiques voûtes de cristal à un caractère particulier qui plait à l'esprit et charme les oreilles.

L'heure du dîner a sonné, nous retournons à l'hôtel et avec un appétit d'enfer, nous avalons les quelques mets que nous servent avec nonchalance les garçons en habit noir !

Ah ! mais ils sont drôles tout de même — ces garçons ainsi parés — qu'ils balaient les chambres, qu'ils époussettent les meubles ou qu'ils nettoient les cabinets inodores ; ils portent partout et toujours leur éternel habit noir. Couchent-ils avec au moins ? Nous avions oublié de vous dire, que lors de notre arrivée hier soir au débotté, l'un d'entre eux, transformé en industriel, nous avait fait l'article, en nous offrant dans la chambre où il nous installait une collection variée de petits bibelots.

Notre soirée se termine au café-concert Cova, près de la Scala. Au beau milieu d'un jardin planté d'arbres, il nous est donné d'entendre d'excellente musique parfaitement interprétée par des artistes *di primo cartello* exécutant leurs symphonies sur des instruments à cordes.

Aimez-vous le militaire ? On en a mis partout. Ici comme sous la galerie Victor-Emmanuel, cet élément abonde. Dieu qu'ils sont beaux les officiers italiens, qu'ils sont beaux ! Vrai, ils reluisent sur toutes les coutures. D'allure martiale, frais et pimpants, gantés de blanc chevreau, ils portent crânement leurs uniformes coquets et bariolés. Scintillants sous leurs gracieux petits schakos, leurs épaulettes d'argent et leurs sabres traînants ; ils sont, comme de raison, la coqueluche des jeunes et jolies femmes qui paraissent fort les priser. A

.tel point que, descendant du supérieur à l'inférieur nous nous demandons maintenant si ailleurs, sous ce beau ciel azuré, constellé d'étoiles d'or, et à cette heure propice, les bonnes d'enfants et autres similaires enjuponnées, ont du temps de reste auprès du modeste chasseur des Alpes ou du simple Bersaglier. Celui-ci et celui-là, portant aussi très gaillardement le chapeau emplumé.

Après avoir siroté pendant deux heures nos mazagrans, et suffisamment contenté nos yeux et nos oreilles, nous reprenons vers onze heures le chemin de l'hôtel, suppliant Morphée de nous procurer le sommeil, tout en nous continuant sous forme de rêve, les fortes impressions recueillies au cours de cette laborieuse journée.

Départ de Milan. — Bellinzona. — Gœschenen. — La Schollenen. — Le Pont du Diable. — Le Trou d'Uri. — La Vallée d'Urseren.

La ville de Milan, ses environs, eh parbleu ! le reste de l'Italie, nous le savons, pourraient encore nous réserver d'agréables surprises ; mais comme le temps nous est parcimonieusement mesuré, nos amis et nous, prenons la détermination de nous rapprocher de Lucerne. Toutefois il est convenu que nous nous arrêterons à Gœschenen, pour nous rendre de là au fameux Pont-du-Diable, du haut duquel on voit la chute de la Reuss.

Levés à six heures du matin, il ne nous reste plus qu'une heure à dépenser. Saluons donc au départ, notre chambre du premier étage de l'hôtel du Serpent, si spacieuse et si coquette avec ses meubles confortables, sa porcelaine du Japon. Nos quatre lits mœlleux, avec leurs édredons plats capitonnés et enveloppés de soie rouge ou bleue, près desquels sont fixés les boutons d'appel des timbres électriques. Etendons-nous paresseusement encore sur les canapés et les fauteuils de velours vert broché qui la garnissent. Foulons vite (les instants deviennent courts) le sol artistement incrusté de mosaïques recouvert de tapis de Smyrne.... ou d'ailleurs. Revoyons à la hâte le plafond très-élevé, ses moulures, ses rosaces, ses filets d'or. Les murs lambrissés au papier à losanges sur fond vert foncé. La cheminée, avec sa garniture élégante et sa grande glace richement encadrée. Posons devant nos armoires à glace, et constatons pour la dernière fois, en ce lieu, l'identité de nos ambulantes personnes. Enfin, respirons quelques minutes l'air matinal extérieur, sur l'appui rembourré de notre large balcon. Puis bouclons nos valises, il sera grand temps ensuite de passer à la caisse.

Cette description aussi minutieuse qu'enthousiaste d'une chambre qui nous paraît luxueuse, a sans doute donné à penser que la carte à payer allait être formidable. Erreur, nous avons modestement versé entre les mains du maître d'hôtel la somme de deux francs cinquante par nuit, service compris, soit cent sous par chacun de nous, prix convenu à l'avance du reste. Mais, détail rétrospectif, il faut bien avouer que le chef de l'établissement avait voulu, tout d'abord, nous reléguer dans des soupentes sans air et sans lumière, et, qu'il était revenu à d'autres sentiments sur notre geste de reprendre nos valises, pour nous livrer ailleurs à de nouvelles investigations.

A sept heures quinze, l'omnibus de l'hôtel nous conduit à la gare. En passant, nous jetons un dernier regard sur le Dôme, enchâssé comme une perle dans un écrin de magnifiques palais, tout resplendissant de blancheur sous les rayons du soleil.

Sur la place de la gare, un régiment d'infanterie de ligne, l'arme au pied, se dispose à prendre le chemin de fer, dans une direction opposée à la nôtre ; les schakos des soldats sont enveloppés d'un fourreau de toile blanche. Dans les fourgons qui leur sont destinés, on a placé des planches grossières pour servir de bancs.

A sept heures trente, nous faisons nos adieux à cette belle ville de Milan, que nous ne reverrons sans doute jamais.

L'express, en deux bonnes heures, nous dépose à la station-frontière de Chiasso. L'horloge, du côté italien, marque neuf heures quarante-neuf ; du côté suisse, neuf heures vingt-neuf. La douane ne nous inquiète pas ; nous passons quelques instants au buffet pour y faire provision de victuailles. Au bout de trois quarts d'heure, nous prenons le train-omnibus, qui, après avoir desservi toutes les stations intermédiaires, nous conduit à Bellinzona, où nous nous arrêtons, bénéficiant d'une heure d'attente.

Sortis de la gare, nous descendons, à l'ombre des mûriers, la route de terre du Gothard sur une longueur de trois cents mètres environ. Nous côtoyons en partie, sur notre droite, la digue de sept cents mètres qui met Bellinzona à l'abri des inondations du Tessin. Sur la rivière est jeté un pont en pierre de dix arches, long de deux cent soixante mètres, large de six mètres cinquante. A gauche, à l'entrée de la ville, se trouve l'hôtel de la Poste, au premier étage

duquel festoyent les notables et les musiciens de
Lucerne, de retour de Lugano; ceux-ci ayant donné
la veille, à Bellinzona, un concert de bienfaisance.
Un peu plus loin, sur le même rang, nous remarquons la cathédrale de Saint-Pierre et Saint-
Étienne, à portail très simple, en style de la
Renaissance, avec fenêtre ronde lombarde. Dans
l'intérieur, le marbre veiné de plusieurs couleurs
domine partout. Le maître-autel est surtout admirable. La chaire de vérité a de beaux reliefs
sculptés sur bois. La tour où sont les cloches est
sur le côté. Celles-ci, sonnant à volée, semblent
saluer notre entrée en ville.

L'architecture des maisons de Bellinzona avec
arcades est en grande partie dans le genre italien.
Quelques toits saillants placés çà et là font diversion
et indiquent plus rarement les habitations du
genre suisse. Sous la galerie d'une auberge, nous
fumons un cigare et humons notre café en compagnie de quelques musiciens de Lucerne.

La ville de Bellinzona, capitale du canton du Tessin, autrefois très fortifiée, compte trois mille cinq
cents habitants. Elle est pittoresquement placée
dans la vallée du Tessin, dont elle est la clef. Les
châteaux menaçants, les donjons et les murailles
crénelées qui la dominent sur ses hauteurs ont un
aspect moyen-âge qui rappelle son ancienne
splendeur et lui conserve aujourd'hui un caractère féodal.

Nous reprenons le chemin de la gare. Derrière
nous éclatent les joyeuses fanfares de la musique
de Lucerne à laquelle fait cortége la population de

Bellinzona. Après force cris et force hurras rendus avec usure par les échos des montagnes, les musiciens prennent place dans leur wagon. Sur le marchepied, un des leurs, avec des gestes de moulin à vent en rupture de bras, se met à haranguer la foule. Un obligeant monsieur veut bien nous traduire les paroles de l'orateur. — Celui-ci, en substance a fait l'éloge du percement du Gothard, qui, en réunissant les deux vallées du nord et du midi, confond à jamais les intérêts du noble peuple suisse et resserrera davantage les liens étroits qui l'étreignent déjà, etc., — Amen. Hurra ! Hurra ! — Puis tout ce monde crie, gesticule, gambade d'une manière désordonnée. A cette cacophonie, la locomotive bientôt ajoute ses coups de sifflet stridents et s'ébranle. Cent mètres plus loin, elle nous entraîne sous un tunnel qui fait la nuit sur tout cela en changeant soudain la nature du vacarme. — Bellinzona, sa ceinture bastionnée, ses tours et ses étourdissants habitants sont déjà loin de nous !

Nous étions à Osogna, en nouvelle admiration devant les cascades et chutes nombreuses qui viennent ajouter leur appoint considérable aux flots du Tessin, lorsque notre attention fut attirée à l'intérieur par une chute d'un autre genre, solide et liquide tout à la fois, mais à coup sûr moins intéressante que celles desquelles elle nous distrayait, par une ignoble et dégoûtante concurrence :

Un trop fervent disciple de Bacchus, l'estomac embarrassé sous une avalanche de petits verres se livre à des contorsions et à des hoquets significatifs,

dont les effets aussi rapides que jaillissants et
nauséabonds, paraissent peu goûtés de ses voisins.
Les cris des victimes de cette inondation intem-
pestive font surgir un employé qui, après les
admonestations de circonstance, force l'homme-
cascade à procéder au nettoyage immédiat de ses
ordures. A Biasca, l'ivrogne est délicatement
cueilli par le chef de gare et déposé dans un
fourgon avec tous les égards qui lui sont dus.

Vers trois heures nous nous arrêtons à la
station de Lavorgo. Nous subissons là une halte
forcée de cinquante minutes, par suite du retard
du train qui vient en sens inverse. Nous n'en
sommes pas autrement fâchés. Dans ce passage
étroit, la nature s'est livrée à des entassements
variés que nous nous plaisons à inspecter. Une
énorme cascade, la Cribiasca, tombe de très haut
derrière la station, avec un bruit étrange auquel
vient se mêler la grande voix du Tessin. La
musique de Lucerne fait chorus en ajoutant à ce
concert perpétuel le son de ses cuivres éclatants.

Aux approches du Gothard, dont la composition
géologique offre beaucoup de diversités, deux de
nos amis du Kùlm utilisent leur attente en se
mettant à la recherche de petits cailloux, bien que
déjà ils en aient fait ailleurs une ample collection,
pendant que d'autres battent les buissons et y
récoltent quelques maigres noisettes.

Monsieur Léoni, mécanicien du train qui nous
conduit, veut bien nous permettre l'accès de la
machine. Celle-ci, précédée d'une autre permet de doubler la puissance de traction, rendue

nécessaire par la pente très raide de la voie.
Toutes deux sont arrêtées juste au-dessus d'un
pont très élevé, jeté à travers la route de terre.
M. Léoni nous fait avec bonne grâce les honneurs
de « son chez soi »; il répond volontiers aux questions de toutes sortes que nous lui posons. Les
explications mécaniques et autres qu'il nous fournit
n'ont pas besoin d'être rapportées ici; mais nous
nous plaisons à noter cet incident au passage
parce que nous tenons à mettre en relief, l'exquise
urbanité et la complaisance qui ne nous ont manqué nulle part, et, auxquelles nous avons été
sensible, alors qu'elles se produisaient à l'étranger.

A quatre heures trente, nous dépassons Airolo
et nous nous trouvons à l'entrée du grand tunnel.
L'excellent monsieur Léoni n'oublie pas qu'il lui
reste à gagner sur le retard, et en moins de
vingt minutes il nous fait traverser les quinze
kilomètres du fameux souterrain, après lequel nous
descendons à Gœschenen.

Deux des amis du Kulm nous ayant quittés à
Milan, un troisième prend le parti de nous laisser
à son tour et de continuer sa route en avant.
Nous nous avançons sur le chemin de la gare que
cotoie la voie ferrée; là, nous renouvelons nos
chaleureux adieux à monsieur L....., qui nous
envoie les siens, accoudé à l'une des portières du
train qui s'éloigne. Nos signaux expressifs sont
aperçus par les musiciens de Lucerne, qui, les
prenant pour eux, se livrent à des cris et à une
pantomime renouvelés de Bellinzona. Le train est
déjà bien loin que nous entendons encore distinc-

7

tement les hurras frénétiques qu'ils nous dé-
cochent à pleins poumons.

Gœschenen est une petite bourgade de deux
mille âmes, d'aspect assez misérable et tristement
assise sur des terrasses de rochers, au milieu de
très hautes montagnes. Dans une auberge, à
proximité de la gare, nous déposons nos bagages,
commandons le souper et retenons nos chambres ;
ensuite nous faisons demander une voiture qui,
dans quelques instants, sur les pentes du Gothard,
nous conduira au Pont-du-Diable.

Tout à coup, les sons criards d'un orgue à
manivelle fixé dans le mur de la grande salle de
l'auberge attirent notre attention. Nous ne sommes
pas peu surpris de voir, après quelques préludes,
un voyageur empoigner par la taille une grande
et forte fille et se livrer avec elle, aux accords de
cet orchestre improvisé, à une valse vertigineuse,

Nous suivons ensuite curieusement des yeux
le crayon d'un artiste-paysagiste qui, sur une
table, à l'une des fenêtres, prend un croquis du
pont et de la chute de la Gœschenen-Reuss, là
devant lui.

Quand nous montons en voiture, il est près de
six heures. La pluie, qui, décidément, semble être
l'apanage de ce pays de montagnes, tombe fine et
serrée. Donc nous gravissons le Gothard, cette
montagne légendaire et célèbre à plus d'un titre,
dans les défilés de laquelle il se livra des combats
titaniques entre les Français, les Autrichiens et
les Russes, en 1799. La route suit, dans Gœschenen
et quelques centaines de mètres au-delà, une

pente assez douce, puis elle s'élève sensiblement,
en serpentant sur une rampe de sept pour cent.

L'ancien chemin, tracé au temps de Charle-
magne, ne donnait passage qu'aux piétons et aux
bêtes de somme. En 1353, il fut élargi à quatre
mètres. De 1820 à 1830, on construisit la route
actuelle accessible aux voitures ; sa largeur est de
six mètres.

Ces détails historiques et ceux qui vont suivre
nous sont fournis par un monsieur, voyageur de
commerce, qui, monté dans le train à Bellinzona
et descendu avec nous à Gœschenen, a bien voulu
se mettre à notre disposition et nous accompa-
gner dans notre excursion.

Les énormes tuyaux en fonte, dont le diamètre
paraît dépasser quarante centimètres et qui ame-
naient les eaux de la Reuss, comme force motrice
pour le percement du tunnel, sont encore là
couchés le long de la route.

Nous remarquons, en outre, le réservoir
dans lequel s'emmagasinent les eaux de la rivière
pour servir à l'alimentation des habitants de
Gœschenen.

A une faible distancé, à gauche, s'ouvre
l'entrée du grand tunnel. Nous pénétrons dans le
passage de la Schollenen, en remontant la rive
gauche de la Reuss. En ces parages désolés, nulle
trace de végétation ; seuls, se montrent rarement
sur les talus à mi-hauteur quelques maigres
bouquets de pins alpestres décrépits. En revanche,
la vallée est couverte de décombres informes, les
uns petits, les autres énormes, détachés de la

montagne. Ici, comme ailleurs, du reste, ces décombres — jalons plantés à travers les siècles — sont le signe précurseur du comblement certain des vallées, par la lente désagrégation des montagnes, sous l'influence des agents atmosphériques. Traversant un premier pont, nous passons sur l'autre rive et, par un second, bâti en granit, élevé sur une chute imposante, nous nous retrouvons sur la rive gauche. A partir de cet endroit, les deux parois de rochers à pic qui renferment le passage se rapprochent et forment des murailles aussi élevées qu'inaccessibles.

Sur le sol pierreux, détrempé, nous cheminons lentement dans une demi–obscurité ; au–dessus de nos têtes, apparaît seulement une bande du ciel gris et pluvieux. Au-dessous de nous, encaissée à plus de vingt mètres, dans le lit de roc qu'elle s'est creusé, la Reuss, se tord furieusement, en faisant entendre des gémissements horribles. Entraînée par une force d'impulsion considérablement accrue par la déclivité, elle descend des monts avec une rapidité vertigineuse. Sans cesse entravée dans son cours par des obstacles multiples accumulés çà et là, elle les bat, les ronge avec rage, bondit en rouleaux énormes et retombe en bouillons d'écume frémissante ! Ce torrent impétueux aux méandres tourmentés, étagé à nos pieds ; ces bruits terribles et mystérieux qui montent des profondeurs de l'abîme ; cet encadrement de rochers taillés à pic aux sombres anfractuosités, gigantesques décors d'une scène terrifiante et grandiose ; tout cet ensemble, en un

mot, constitue un spectacle romantique, que le
touriste, à son aise, peut contempler pendant une
heure, grâce aux lacets nombreux que forme la
route en cette vallée sauvage et solitaire. Quant à
nous, personnellement, l'impression ressentie est
telle qu'elle communique à tout notre être un
sentiment de religieuse tristesse auquel il ne
peut se soustraire.

Dans ce milieu véritablement fantastique, notre
âme se délecte mélancoliquement et, jamais, nous
ne pourrions rendre même par le menu, les
pensées diverses qui viennent l'assiéger. Ah !
disons au moins que, devant ces manifestations
imposantes de la nature, l'homme, ce vermisseau,
qui trop souvent se veut gonfler, est bien petit et
surtout bien misérable ! Comment donc ne pour-
rait-il s'humilier en face de ce puissant et perpétuel
mouvement. Au pied de ces montagnes incom-
mensurables élevées vers le ciel qu'elles semblent
porter sur leurs robustes épaules !

Le passage de la Schollenen, si triste déjà dans
son affreux resserrement rocheux, rendu plus
lugubre encore par les plaintes qu'exhale la rivière,
devient tout à fait sinistre, par suite des éboulements et des avalanches qui y sont fréquents huit
mois sur douze de l'année. Afin de parer autant
que possible aux accidents qui en peuvent résulter,
on a construit des abris pour les voyageurs
obligés de se risquer dans le passage. Le plus
important de ces abris est précisément construit à
l'endroit le plus dangereux ; il forme une galerie

couverte d'environ soixante mètres, éclairée par des ouvertures donnant sur la Reuss.

Tout à coup, en sortant de la galerie, à cinquante mètres environ, nous voyons le pont, ou plutôt les Ponts-du-Diable, car le nouveau qui date de 1830, a volé son nom, sa réputation et son usage au plus petit; celui de la légende, dont nous avons parlé dans un chapitre précédent. La route, jusque-là, s'avance en tournant, élevée sur un viaduc posé sur les contreforts du roc. Elle surplombe l'abîme ! Un simple caillou, un faux-pas du cheval, et.... la Reuss est là, menaçante, hideuse, prête à ensevelir dans son blanc et humide linceuil, ses victimes broyées d'abord sur les dures aspérités de ses bords granitiques.

Notre cocher, installe son attelage à la porte d'une auberge de chétive apparence, — la seule oasis qu'il y ait au milieu de ce désert.

Le désir de faire fortune, aussi bien que le besoin plus modeste de pourvoir aux nécessités de la vie, obligent une partie de la population suisse à subir certaines situations quelquefois peu agréables, le plus souvent pénibles et dangereuses. Ces situations, que comportent la configuration même du pays, sont faites : 1° A ceux qui ne craignent pas d'habiter les hauteurs toujours froides et peu accessibles des montagnes renommées, les passages élevés, le pied des glaciers, les régions constamment couvertes de neige, tous les sites enfin susceptibles d'attirer les voyageurs. 2° A ceux, qu'une constitution robuste, un courage, une abnégation, et un dévouement à toute épreuve, joints à une connaissance approfondie des moindres accidents de terrain, permettent de diriger dans la montagne les simples curieux ou les explorateurs scientifiques. Les premiers sont esd guides, les seconds des aubergistes.

Il a donc fallu que l'une des considérations précitées agît puissamment sur l'esprit du maître de l'auberge du Pont-du-Diable, pour qu'ils se décidassent, sa famille et lui, à venir en ce milieu tourmenté, essuyer le bruit perpétuel d'un véritable Achéron.

En avançant sur le nouveau Pont-du-Diable, nous nous pénétrons du besoin qu'il y a pour chacun d'assurer son chapeau sur sa tête. Sans cette précaution, nous nous apercevrions bientôt à nos dépens, que le *doux* zéphir qui souffle en ce couloir peut irrévérencieusement décoiffer les chefs, même les plus respectables. De plus, un rapide examen des lieux nous donne la conviction que jamais la Reuss n'a rendu aucun des objets qu'on lui a confiés.

L'ancien Pont-du-Diable, sur la tête duquel vient s'appuyer le viaduc de la route, est presque contigu au nouveau, large de quatre mètres, il n'a point de parapets et se trouve en contrebas de huit mètres environ. La petite arche latérale qui le complétait autrefois a été détruite par les Autrichiens ; celle qui subsiste a une largeur de sept mètres. La clef de voûte du pont actuel, domine de trente-trois mètres le niveau de la Reuss. La seule arche de ce pont de granit a une ouverture de dix-huit mètres.

Sur l'arc de sortie de la galerie que nous avons traversée tantôt, nous voyons une inscription que l'éloignement nous empêche de lire, mais au-dessous, nous distinguons parfaitement la figure allégorique du diable, peinte en noir sur le roc.

De l'autre côté du pont, nous restons long-temps sous l'influence du spectacle qui, à une faible distance en amont, se déroule à nos yeux. La pâle description que nous allons essayer d'en donner ne fera pas à beaucoup près sur l'esprit du lecteur l'effet produit sur nous par la réalité si saisissante.

Déjà grossie de ses trois sources originaires, ayant en conséquence un débit considérable, la Reuss, devant laquelle, soudain, le terrain se dérobe, tombe, et, dans sa chute, s'abime littérale-ment de tout son poids, d'une hauteur de trois cents pieds. Convulsive et rageuse sous la poussée, elle fouette au passage, de ses lanières liquides, la pointe des rochers qui, gigantesques et mena-çants s'élancent de son lit. Ses rejaillissements étendus inondent les parois, couvrent d'écume des aspérités sans nombre et vont se briser, au loin, en une poussière argentée.

Au fond du gouffre, le choc est formidable, l'effort terrible. Tous les monstres de l'Apoca-lypse, ensemble précipités, n'ébranleraient pas davantage cette masse énorme qui, bondissante et rebondissante, forme des ondulations diverses et des gerbes immenses. Lucifer, chauffant à haute pression ses chaudières infernales, ne pourrait obtenir de plus gros bouillonnements. Le rugisse-

ment du lion dans les solitudes africaines, la voix
sinistre du canon, le tonnerre grondant à travers
le ciel déchiré, n'ont pas de retentissement plus
affreux.Constamment battu par le déferler,le Pont-
du-Diable tremble, et, c'est sur son arche unique,
hardiment jetée à cent pieds de hauteur, que, sous
le vent et les vapeurs qui nous cinglent le visage,
nous assistons à cet épouvantable déchaînement.

La chute de la Reuss, spectacle d'une austère
majesté, fameux entre toutes les curiosités de la
Suisse, ne peut manquer de laisser, à ceux qui l'ont
vu, un souvenir durable. Le propriétaire de l'hôtel
de Bellevue, à Andermatt, l'exploite souvent le
soir, auprès de ses pensionnaires, sous le féérique
aspect d'illuminations en flammes du Bengale.

Le passage redoutable de la Schollenen fut
autrefois témoin de combats meurtriers entre les
Français et les Autrichiens d'abord, les Français
et les Russes ensuite, avec des alternatives diverses :

Le dix-sept août 1799, les Français repoussèrent
les Autrichiens jusqu'au Pont-du-Diable, ceux-ci
se battirent en désespérés ; mais, ne pouvant plus
longtemps résister au choc des Français, ils firent
sauter une partie du pont. Ce fut peine inutile, le
patriotisme, le courage et l'énergie des nôtres
triomphèrent même des obstacles naturels ample-
ments décrits par nous. Sous les efforts surhumains
d'une farouche exaltation, les Français descen-
dirent rapidement dans l'horrible gouffre qu'ils
teignirent de leur sang. Hélas ! ils y laissèrent une
centaine des leurs, puis remontant en grimpant les
rochers escarpés de l'autre rive, sous une grêle de

balles, ils purent enfin s'emparer de la position, en
en chassant les Autrichiens.

Un mois plus tard, les rôles étaient changés,
les Russes, commandés par Souwarow, montaient
le versant sud du Gothard ; après avoir été, toutefois, longtemps tenus en échec par six cents de nos
braves grenadiers, ils arrivaient au trou d'Uri,
que les Français, conduits par Lecourbe, avaient
bouché avèc des quartiers de roche. Les premiers
enlevèrent les obstacles et se trouvèrent bientôt
en face des seconds, qui, à leur tour, défendaient
le Pont-du-Diable. Un feu meurtrier et une résis-
tance acharnée ne purent davantage ralentir la
marche en avant des Russes. Souwarow et ses
vingt-cinq mille hommes, ses cinq mille chevaux et
ses canons, passèrent bravement l'ancien Pont-du-
Diable, si dangereux par son manque de parapets.

Juste retour des choses d'ici-bas, trois jours
après, le dénouement bien plus marquant était
tout autre pour nos armes : Masséna empêchait,
en effet, l'invasion de la France par cent mille
ennemis, en battant les Austro-Russes à Zurich.

Nous rejoignons l'auberge, et pour nous
remettre le cœur, nous absorbons quelques verres
d'un petit vin blanc du pays. Remontés en
voiture, nous laissons à droite une chapelle, et
bientôt nous arrivons au tunnel vulgairement
connu sous le nom de trou d'Uri. Ce tunnel,
entièrement taillé dans le roc, à la base du Crispalt,
qui autrefois barrait le passage, a été percé
en 1707 et élargi en 1830, sa longueur est de 64
mètres. Avant la création du tunnel, les habitants

passaient d'une vallée à l'autre sur un pont de
bois suspendu par des chaînes entre deux montagnes. A peine sommes-nous sortis du trou d'Uri,
que le changement le plus radical s'opère tout
autour de nous, la jolie vallée d'Urseren nous
ouvre ses bras en libératrice, le cauchemar a
cessé, l'enfer s'efface devant le paradis.

La vallée d'Urseren, forme pour ainsi dire le
dernier palier de l'escalier tortueux du Gothard ;
son altitude est de 1445 mètres. Longue de 14 kilomètres sur deux, elle abrite les villages d'Andermatt, d'Hospental et de Réalp. Le point culminant
de la route qui la traverse atteint 2114 mètres.
Cinq minutes plus loin, au commencement du
versant sud, à 2093 mètres, se trouve l'hospice
renommé du Saint-Gothard. Dans cette riche
vallée, entourée d'une ceinture de montagnes
aux neiges éternelles, arrosée par la Reuss, et
couverte de pâturages, la vue se repose agréablement. Une végétation vive, luxuriante, verte
comme l'émeraude, se montre partout et s'élève
très haut sur les pentes arrondies, garnies de
bouquets d'arbres. La vallée d'Urseren est la plus
haute de la Suisse, au moment où nous la foulons,
le froid y est vif et pénétrant.

L'hôtel Bellevue, devant lequel nous nous
arrêtons, est à quelques centaines de mètres en
deçà d'Andermatt dont il dépend. Nous mettons
pied à terre. Sur les observations du patron de
l'hôtel qui est aussi le propriétaire de la voiture
que nous laissons, nous changeons l'itinéraire
primitivement déterminé à Gœschenen où sont

déposés nos bagages: Nous dînerons et coucherons ici, et demain à la première heure notre cocher, ses chevaux et sa voiture nous conduiront au mont Furka, pour y visiter le Glacier et la source du Rhône.

L'hôtel de Bellevue, bâti au milieu d'un bel emplacement, élevé de deux étages sur rez-de-chaussée, est très vaste, avec toutes ses dépendances; il doit être fort fréquenté, car nous remarquons le va-et-vient des garçons affairés dans la foule qui remplit les salons.

Entre la route et l'hôtel, se trouve un jardin planté d'arbres, au centre duquel s'élance un jet d'eau. Derrière, s'étend un parc immense traversé par la rivière.

Sur le pont en bois qui joint les deux bords, nous nous accoudons tout rêveur. La Reuss joue à nos pieds; — quel changement! Large d'environ douze mètres, la rivière déploie gracieusement ses sinuosités dans la vallée qu'elle fertilise. De ses ondes blanchâtres qui coulent tranquillement, se dégage un léger murmure. Sa transparence est telle, qu'elle permet de distinguer les teintes diverses des cailloux parsemés dans son lit. Autant tout à l'heure nous l'avons vue blême, folle, désordonnée; autant elle est ici riante, calme et paisible. Elle éprouve toutefois, disons-le, quelques légers tressaillements qui, pour un peu, passeraient inaperçus; — nous en avons la signification.— La petite, en effet, ne se remet-elle point, doucement des violentes émotions que, déjà, elle a éprouvées dans une première course échevelée à

travers les pentes abruptes de la montagne ! La
vallée d'Urseren, sur son mœlleux tapis de verdure
émaillé de fleurs, comme une mère prévoyante et
attentive, la promène et la retient quelque temps
afin de régler et d'affermir ses pas ; mais, l'es-
piègle enfant va lui échapper. Abandonnée à elle-
même, avant de devenir belle, grande et forte,
les chutes nombreuses — dont une effroyable — ne
lui manqueront pas, nous en savons quelque chose,
et le lecteur aussi.

Serait-ce le froid intense qui règne. ici, le
changement longuement discuté de notre itinéraire, ou bien l'impression qui nous reste du
passage maudit de la Schollenen ? Toujours est-il
que nous nous trouvons d'assez fâcheuse humeur
au moment de nous livrer au repos. La disposition
des lieux n'est pas non plus de nature à modifier
nos sentiments. — Prouvons-le :

Il est dix heures du soir, le garçon de l'hôtel
nous fait traverser la route et, au rez-de-chaussée
d'une dépendance isolée, nous installe avec un
ami dans une chambre à deux lits. Il nous
semble qu'il laisse ouverte la porte extérieure.
Pardon ! mais notre confiance est telle, que nous
croyons prudent de ne pas mettre nos souliers,
comme d'usage, sur le bord du couloir. Nous
fermons à double tour et nous nous barrica-
dons à l'intérieur. Inspection faite, le revolver à
six coups dont nous sommes armés, tous deux, fonc-
tionne bien. Nous le déposons soigneusement à
portée, sur le marbre de la table de nuit. Personne
sous les lits.—Couchons-nous.— Brr ! la tempéra-

ture est glaciale; impossible de dormir. Vaguement,
car, hélas! nous en avons le temps, nous nous sur-
prenons à reconstituer, de mémoire, la légende de
l'auberge des Adrets, sans oublier les héros: les
sieurs Robert-Macaire et Bertrand. Des sons
étranges nous arrivent du dehors! — Est-ce
quelqu'un? est-ce quelque chose? Sont-ils produits, ces sons, par la chute des avalanches
grossissant et roulant sur le talus des montagnes?
Sont-ils produits par le craquement des glaciers
ou par les cascades de la Reuss? Notre imagination surexcitée forgerait-elle, par hasard, toutes
ces rumeurs qui semblent monter des entrailles
de la terre? Qui sait? en ce moment s'engouffre
peut-être un train de nuit, dans les profondeurs
du grand tunnel que nous savons justement établi
sous la vallée d'Urseren. Maintenant, ne se pour-
rait-il aussi que, sous les coups répétés d'une
remuante insomnie, notre oreiller se fît le complice de ces bruits en les exagérant? Ou bien
encore que le monstre fût plus complet, en rem-
plissant tous ces rôles à la fois?

 Assurons-nous donc du fait, puisqu'aussi bien
nous ne pouvons dormir. Levons-nous discrète-
ment, poussons le volet, écoutons.... Eh bien, il
y a un peu de tout cela: — Ces rumeurs étranges,
ces plaintes mystérieuses, toutes ces voix, enfin,
qui s'élèvent dans la montagne, l'habitant de la
plaine uniforme ne les connaît pas. Seuls, les
pays accidentés, comme celui que nous visitons,
ont de ces monopoles. La nature s'y livre à un
travail incessant, à une lente désorganisation, et

pousse des gémissements que l'oreille perçoit mieux dans le silence de la nuit.

Sur le ciel pur sans nuages, la lune, dans son plein, brille avec éclat ; sa pâle lumière se reflète sur les glaciers cristallisés et fait scintiller la neige éblouissante qui couronne les hauteurs.

A demi habillé, nous nous remettons sous presse tout grelottant, mais après avoir élevé sur notre lit une pyramide de vêtements en guise d'édredon. Le sommeil, enfin, veut bien s'emparer de nous.

Les routes du Gothard et de la Furka. — La ligne de séparation des eaux. — Le Glacier et la source du Rhône. — Retour à Lucerne.

Le mardi vingt-neuf août, à sept heures du matin, nous nous mettons en route pour le Glacier du Rhône. Bientôt, nous atteignons Andermatt, petite localité de huit cents habitants, placée à la jonction de la route de l'Oberalp, au confluent d'une des sources de la Reuss, qui en descend. Peu après, nous traversons le village d'Hospental, dont la population est de quatre cent cinquante habitants. Sur une colline près de là, on voit les restes d'une ancienne tour dite des Lombards, construite au sixième siècle. Nous abandonnons la route du Gothard, qui continue de monter au sud à notre gauche, en pente raide sur les flancs de la montagne, et de laquelle tombe en torrent, la seconde source de la Reuss, venant du lac de Lucendro, près de l'hospice. Nous nous avançons sur la route de la Furka, dans la direction suivie jusqu'à présent, c'est-à-dire vers l'ouest. Cette route, qui vient de l'Oberalp et qui, un moment, a emprunté celle du Gothard, met en communication Coire et Genève.

Un quart d'heure après avoir dépassé Hospental, nous touchons au petit village de Réalp, deux cents habitants, le dernier de la vallée d'Urseren.

Dès lors, nous sommes au pied de la Furka, à l'altitude de 1512 mètres.

La montée s'accentue et avec elle, le froid de plus en plus, bien que le soleil soit rayonnant. Ah ! combien nous maudissons l'abandon de nos valises à Gœschenen, où sont inutilement pliés les manteaux et les pardessus qui nous auraient protégés. Heureusement encore, le cocher prévoyant a bourré son véhicule de couvertures de voyage dans lesquelles nous nous drapons à l'antique. Ainsi accoutrés, nous narguons le froid qui nous le rend bien, et devient toujours plus sec à mesure que nous nous élevons.

Les petits chevaux qui traînent la voiture, maigres, mais alertes, agitent leurs grelots et balancent, sous la fatigue, leurs têtes ornées de plumes d'aigle. Bientôt, n'en pouvant plus, ils se mettent au pas et achèvent lentement de gravir la montagne. La route fait de nombreux et inévitables crochets, qui forcément, allongent son parcours. Comme toutes celles de la Suisse, fortement inclinées, elle est bordée, côté du vide, d'une rangée de petites bornes circulaires espacées de cinq à six mètres ; quelques-unes, gisent çà et là sur la surface et sur les talus. Pendant plus de deux heures, nous restons constamment en vue du village de Réalp.

Nous devenons les témoins d'un petit drame intime qui fait amèrement couler les larmes d'une jeune montagnarde, et ne laisse pas que de nous communiquer aussi une certaine émotion :

Sur le bord de la route escarpée, est à demi

renversé des suites de la rupture d'un essieu, un
léger chariot, tout à l'heure entassé de foin,
coupé, séché, sur les pentes, et, maintenant
projeté de toutes parts. Pendant que le charretier,
aux abois, abandonne ses chevaux pour descendre
au premier village, à la recherche de l'artisan qui
apportera le remède, la pauvrette assiste impuis-
sante à l'éparpillement de la récolte si péniblement
préparée et recueillie. Le vent impitoyable, ajoutant au dommage, chasse les épaves, les accroche
partout aux flancs des monticules, et ensuite, les
pousse tourbillonnantes au dessus de milliers de
crevasses qui, béantes et sournoises, absorbent en
quelques secondes ce produit de quelques mois.
Il est facile de se figurer, puisque par ce qui
précède on connait la topographie du terrain,
que le charretier et son aide, ne vont pas revenir
de sitôt. La descente, à l'aller, durera une heure,
le retour, sans les préparatifs, en demandera plus
de trois. Le chariot risque donc fort de rester en
détresse jusqu'à la nuit, et nous nous expliquons
la douleur de la gardienne inconsolable, que nous
allons à regret laisser seule, ne pouvant d'ailleurs
la secourir d'aucune façon.

Nous croisons parfois des hommes, des femmes
et des enfants, portant sur le dos, à l'aide de
bretelles, des baquets en bois contenant le lait trait
aux chèvres et aux vaches des troupeaux dissé-
minés dans la montagne. Ces troupeaux, pour qui
l'ignore, passent le printemps et l'été sur les
hauteurs, et ne rejoignent leurs étables dans la
vallée, que quand arrive la mauvaise saison.

Parvenus à 2.200 mètres, nous faisons une halte à l'auberge du Glacier du Tiefen qui est aussi le relais de la poste ; nous nous y restaurons de quelques jattes de lait chaud et de petits pains. Nous compulsons ensuite le registre spécial, déposé sur une table, couvert de signatures de touristes de toutes nationalités, nous y relevons celles de plusieurs notabilités françaises. A l'exemple de tant d'autres, et pour le plaisir de signaler notre passage au bas du Tiefen, à dix heures du matin, nous y allons de notre autographe et jetons à notre tour, sur le registre, notre obscure personnalité.

A la muraille de l'établissement est suspendue une trompe des Alpes.

— Une idée, si nous en jouions dans la montagne. — Nous décrochons l'instrument en bois. Sa forme est à peu près celle du trombone, l'embouchure également en bois tourné, est retenue par une ficelle. — Une, deux, — notre prélude se trahit par quelques couacs affreux, capables de faire dresser les cheveux au dernier des disciples d'Apollon. Enfin, tant bien que mal, de cet instrument très dur après tout, nous finissons par tirer quelques sons. Mais quel étonnement a dû se manifester dans la montagne, parmi les pâtres accoutumés à entendre des notes autrement mélodieuses et éclatantes. Pour être plus complet, n'avons-nous pas maintenant la fatuité de vouloir envoyer à tous les échos ahuris, l'air sacré du *Ranz des Vaches*.

Horreur ! cette fois, nous avons bien sûr fait

doublement bondir les troupeaux de toutes sortes
en train de brouter tranquillement l'herbe des
versants.

Le *Ranz des Vaches,* immortalisé par Rossini
dans son opéra de *Guillaume-Tell,* est un air
rustique et national, ordinairement joué sur la
cornemuse par les pâtres suisses. Les troupeaux
sont habitués aux sons de cet instrument et, selon
les cas, ils répondent à l'appel qui leur est fait
conformément à la nature des airs qu'on en tire.

Sur le talus de la route s'ébattent deux jolis
chiens de montagne, la mère et le petit; celui-ci
est si gentil, si doux et si caressant; son poil
soyeux, blanc et noir est si luisant, que, n'étaient
la distance et l'embarras, nous l'aurions emporté ;
la patronne de l'auberge consentait à nous le
vendre pour un prix modique.

Nous reprenons notre ascension en serpentant
doucement, tantôt à pied, tantôt en voiture, sur
les flancs de la montagne. La route en maints
endroits a été taillée dans le roc, souvent nous
apercevons la marque des trous faits par le foret
pour l'introduction de la mine. A peu de distance
l'un de l'autre, nous franchissons deux ponts jetés
sur le torrent qui forme la première source de la
Reuss et se précipite en mugissant au fond de la
vallée.

Résumons en passant, si vous le voulez bien,
la dénomination des trois sources de la rivière
dont nous nous sommes tant occupé jusqu'ici : la
première s'épanche des glaciers de la Furka, la

seconde de ceux du Gothard et la troisième de
ceux de l'Oberalp.

Chacun sait, combien est riche la flore des
Alpes, et combien sont nombreuses les variétés de
plantes qui croissent là, grâce aux influences
climatériques, pour ainsi dire étagées sur les pentes de la montagne. La végétation de tous les
pays, du midi au septentrion, s'y montre donc de
bas en haut ; et, l'attitude en souveraine maîtresse,
règle suivant les lois inéluctables de la nature, les
diversités de la production du sol.

Deux des plus infatigables de nos Külms,
MM. Lucien T.... et Victor V...., n'oublient point
cette particularité, et, pendant que la voiture perd
un temps infini à suivre lentement les sinuosités
de la route, ils mettent de leur côté, ce temps à
profit en grimpant courageusement aux endroits
les plus escarpés. Ces Messieurs nous fournissent
ainsi l'occasion d'apprécier leurs connaissances
en botanique, par un choix judicieux des plantes
les plus rares, qu'ils classent et désignent mom-
mément après en avoir fait une ample collection.

La vallée et les pentes de la montagne sont
couvertes de quartiers de rocs de toutes formes et
de débris de toutes grosseurs tombés des sommets.
Nous nous demandons quels efforts pénibles ne
doivent point être tentés, pour faire disparaître
ces éboulis, lorsque, se produisant, ils viennent
obstruer la route ? Il est certain que quand les
obstacles atteignent, d'un seul morceau, un volume
considérable, les moyens employés pour s'en dé-

barrasser sont les mêmes que ceux ayant servi
lors de la construction de la route, c'est-à-dire la
réduction par la mine de ces monolithes colossaux en fragments maniables.

A mesure que nous gagnons les hauteurs, la
végétation devient plus rare. A peine si nos amis
trouvent encore à glaner par-ci par-là, quelques
spécimens rabougris au milieu des dernières
touffes d'un gazon maigre et rachitique. Bientôt
l'aridité devient complète, toute trace de vie
disparaît absolument, la montagne se montre
dans sa triste nudité, et la nature, autour de
nous, se présente sous son aspect le plus sauvage.

Pendant que toujours, doucement, la voiture
nous cahote, nous nous plaisons à méditer sur le
commencement et la fin de ces géants dont les
crânes dénudés nous environnent. Les savants
nous affirment qu'ils se sont élevés dans les temps
préhistoriques, sous les influences volcaniques
développées par la chaleur extrême, régnant à
l'intérieur de notre planète. Il est évident que
nous acceptons ces données sans invoquer le
bénéfice d'inventaire, attendu qu'il est bien plus
facile à nous d'y croire que d'y aller voir.

La composition géologique des assises de la
montagne qui s'offre à nos regards est sans cesse
modifiée ; elle constituerait à elle seule un vaste
champ d'étude pour un observateur et pour un
savant. Quant à nous, il nous est tout au plus possible de décrire la bizarrerie et la forme des objets
qui, tour à tour, viennent frapper notre attention.

Ici, la montagne est soutenue par des blocs immenses d'un seul morceau ; là, elle semble bâtie
en pierres de taille ; ici, les couches plus étroites
sont placées verticalement ou obliquement ; là,
elles forment des ondulations qui se développent
dans tous les sens ; ailleurs, elles s'étendent en
feuillures très minces.

Quelquefois, on remarque un assemblage hété-
roclite de petits cailloux gris, blancs, ou bleus,
liés entre eux par un mortier d'argile, de bitume,
ou de marne. Le changement à vue est continuel,
tantôt le granit gris foncé élève ses gigantesques
pyramides ; tantôt le poudingue étale ses roches
ou ses fragments composés de couleurs diverses :
rouges, grises, brunes ou blanches. Le schiste
ardoisier le cède au schiste calcaire ; partout
enfin, le hasard préside aux dispositions les plus
fantasques.

Nous atteignons enfin le col de la Furka, point
culminant de la route, à 2436 mètres au-dessus du
niveau de la mer. Nous nous trouvons dans la
région des glaces perpétuelles, sur le noyau même
des Alpes Centrales, au milieu d'une forêt de crêtes
qui se dressent de toutes parts.

Le froid est à son maximum d'intensité. Si par
hypothèse nous admettons que, là-bas, « dans la
petite patrie » à la cote de 112 mètres, nos concitoyens jouissent, aux environs de midi d'une
température de dix-huit degrès, ils partageront avec
nous cette conviction, basée d'ailleurs sur les cal-
culs dévoilés par la science, que celle que nous
subissons ici, à la même heure, frise cinq degrés :

le thermomètre a donc baissé d'un degré par
chacune des treize fractions de cent quatre-vingts
mètres, que, sur eux, nous avons gagnées en élévation. Pour contrôler l'altitude du col et la température qui en résulte, nous n'avons ni baromètre, ni thermomètre, mais la première nous est
quasi démontrée par la vue prodigieuse que nous
embrassons, et la seconde, mieux encore, par la
perte de calorique qu'elle nous impose.

Le massif du Saint-Gothard, dans un sens
étendu, c'est-à-dire avec les quelques monts secondaires qui l'entourent — parmi lesquels la
Furka — est par excellence le grand pourvoyeur
liquide des plaines de l'Europe ; ses trente lacs et
ses huit glaciers, espacés dans un rayon de quinze
kilomètres, épanchent à sa base des centaines de
torrents, dont la réunion forme les plus grands
fleuves et les rivières les plus considérables. Tributaire généreux et inépuisable de l'Océan, il
déverse ses eaux au nord, dans la mer du Nord,
au midi, dans la Méditerranée, et, à l'est, dans
l'Adriatique; ses puissants distributeurs se nom-
ment le Rhin, le Rhône, la Reuss et le Tessin. La
Reuss, se joint au Rhin par l'Aar et le Tessin se
jette dans le Pô.

Sur ce noyau principal de la chaîne continue des Alpes, un coup-d'œil en arrière nous
montre le filet blanc de la Reuss, fuyant rapidement dans sa direction première vers l'est;
un autre coup d'œil en avant nous fait voir
la source du Rhône, coulant d'abord vers l'ouest.
Puis sur le col de la Furka, entre les deux ver-

sants, nous constatons *de visu* par l'opposition du cours des eaux dont nous franchissons la ligne de séparation, que nous nous trouvons au point de jonction des grands bassins maritimes. La ligne de séparation est à la limite des quatre cantons d'Uri. du Tessin, du Valais, et de Berne ; elle est la barrière qui divise les usages, le caractère et la langue, entre les citoyens d'un même pays : C'est ainsi que le Suisse du Nord parle l'allemand, celui du Sud l'italien, et celui de l'Ouest le français.

Sur le plateau étroit qui domine le col de la Furka, on a établi un hôtel ; nous le dépassons, après quoi, entre deux pics très pointus qui forment la fourche et justifient le titre donné à la route — Furka, mont de la Fourche, — nous commençons à descendre rapidement. Sur notre gauche, s'échappe d'une ravine et tombe en s'arrondissant une cascade peu importante, il est vrai, mais dont le maigre ruisseau pourrait bien être le cours initial qui, tantôt, mêlé à la fonte du Glacier, donnera le jour au grand fleuve méditerranéen. A peine avons-nous fait cette autre constatation que nous voyons, à l'extrémité d'un détour, apparaître le Glacier du Rhône.

Ce qui d'abord frappe notre attention, c'est le spectacle d'une masse incommensurable de neige, découpée en tranches multiples, affectant les formes les plus fantastiques et reposant sur une base de glace énorme d'une largeur extrême.

Quand nous nous arrêtons à l'auberge du Glacier, il est midi ; nous avons parcouru trente kilomètres en cinq heures. Notre cocher dételle et s'occupe de pourvoir au repos et à la nourriture de ses chevaux. De notre côté, nous nous procurons un guide, avec lequel nous allons tenter l'ascension de la Furka, jusqu'à ce que nous ayons atteint le plan supérieur du Glacier.

Armés de l'alpenstock, ou long bâton ferré, nous grimpons sur la pente escarpée de la montagne parsemée de débris petits et gros, entre lesquels nous nous avançons avec beaucoup de difficultés. Tout en cheminant, nous voyons une perche en haut de laquelle flotte un drapeau rouge. Ce signe, probablement, indique aux explorateurs du glacier qui ont pris une autre route que cet endroit est le passage le plus sûr pour opérer la descente dans la vallée inférieure. Lorsque nous avons gravi environ cinq cents mètres, un peu avant de toucher la cime, nous prenons à gauche et descendons un instant. Au bout de trois quarts d'heure, nous posons le pied sur la région supérieure de la vallée de glace, à une altitude de 2,433 mètres.

Notre ascension ne s'est point accomplie sans un petit incident qui nous est personnel. Obligé de faire halte pour respirer un peu, nous avons laissé s'avancer nos compagnons et, lorsqu'il est possible de nous remettre en route, nous nous trouvons distancé de plusieurs centaines de mètres, mais sur quel chemin, Bon Dieu ! En avant, à gauche, à droite, de larges flaques de neige et de glace fondantes ; des trous, des bosses, des gouffres, des abîmes, au milieu desquels nous

n'osons ni ne pouvons nous risquer. Combien
maintenant nous regrettons notre imprudence de
n'avoir point informé le guide du contretemps
fâcheux qui nous était imposé. Nous restons donc
en détresse et prenons le parti de hêler fortement
nos compagnons : — Kùlm! Kùlm! — Ce cri de
ralliement, tant de fois jeté dans la montagne et
ailleurs, n'a pas d'écho! Est-ce que, par hasard,
le glacier serait mauvais conducteur du son? Il
paraît, puisque bien que nous ayons plus de dix
fois renouvelé l'expérience, nos amis ne se
retournent même pas. Ils nous ont affirmé, plus
tard, qu'ils ne nous avaient point entendu, et que,
même, ils n'avaient pas remarqué notre absence.
Que faire? Nous prenons le parti de retourner en
arrière. Après force détours et force tâtonne-
ments, nous parvenons à nous frayer enfin notre
voie, et nous pouvons, sans autre accident que
celui d'un peu de retard et beaucoup d'émotion,
rejoindre notre escorte, jurant, après cette leçon,
de ne plus nous isoler dans la suite.

Le Glacier du Rhône, nous dit notre guide, est
le plus beau de la chaîne des Alpes ; il est situé
entre le Grimsel, à droite et la Furka, à gauche ;
son étendue est de six lieues. Comment dépeindre
nos sentiments à la vue de ces tours, de ces obélisques, de ces aiguilles cristallisées et de ces
crevasses profondes ouvertes dans une cataracte
solidifiée! Le glacier, en effet, descend en terrasses d'une élévation de sept cents mètres et se
termine en formidable éventail dans la vallée
inférieure; son suintement éternel engendre le

Rhône, fleuve célèbre, connu de toute antiquité, long de 860 kilomètres, dont nous voyons les premiers circuits d'eau gris-jaunâtre s'échapper à la base et se développer au loin dans la vallée.

Bien que nous soyons à la fin d'août, la masse de neige accumulée l'hiver, en ces parages, est encore considérable ; elle fond lentement et laisse à intervalles inégaux, des tranches énormes, formant autant de couloirs très-élevés, entre les murailles desquels l'eau s'écoule et s'infiltre dans les pores de la montagne.

Après avoir lu les auteurs scientifiques, maintes fois suivi les cours de physique, et entendu nombre de conférenciers traiter théoriquement et aussi pratiquement que possible de la composition des glaciers, il nous est enfin donné d'étudier et de nous convaincre plus avantageusement, sur place, de la puissance d'action et du mouvement auquel se livre la nature, sous la poussée lente, mais fatale, des éléments. L'eau, qui dans ses transformations les plus appréciables, passe de l'état liquide à l'état solide et *vice versa*, a surtout de ces oppositions continuelles, sur les hauteurs, à une altitude déterminée, suivant que dans le cours du jour, la température est au-dessus, ou au-dessous de zéro.

Au moment où nous foulons le Glacier du Rhône, nous estimons que le thermomètre marque quatre à cinq degrés centigrades ; la neige et la glace fondent doucement sous nos pieds et l'eau coule dans les cavités et les fissures. La nuit apportera une différence de dix à douze degrés de baisse, et rendra le glacier à l'état solide dans toute son étendue.

Donc, l'eau joue dans la nature un rôle extraordinaire ; sa force n'a pas de limites ; elle est la plus grande destructrice connue, le véritable dissolvant de la montagne ; elle la mine sourdement, elle la désagrège lentement, elle la pulvérise sûrement. Elle la mine, alors qu'à l'état liquide, ou rendue telle par l'action intermittente du soleil et des vents tièdes, elle s'introduit dans ses interstices. Elle la désagrège, parce que, ainsi introduite et revenue à l'état solide, par la congélation, elle se dilate et acquiert cette force qui a raison de toutes les résistances. Enfin elle la pulvérise, grâce à ce travail incessant de contraction et de dilatation.

Le glacier n'est autre chose qu'un fleuve solidifié. Il marche, mais son mouvement en avant est seulement de quelques centimètres par jour.— Nous n'avons pas, comme on pense, le temps de nous en assurer, bien que nous n'émettions aucun doute à ce sujet. — Le glacier traine à sa surface les décombres détachés des parois, sous les influences que nous avons énumérées ; ces décombres se réduisent peu à peu, les débris plus petits forment la moraine qui s'amasse sur les côtés d'abord, ensuite dans la vallée. A cette lente destruction, vient s'ajouter celle plus active due à l'impétuosité des torrents qui affouillent la montagne, en détachent les pierres qu'ils arrondissent ou réduisent en poudre par le frottement continuel. Ainsi réduites ou arrondies, ces pierres sont entraînées, ou roulent très-facilement au loin dans le lit des fleuves et des rivières ; le surplus, terre, sable, poussière, atômes, est charrié par le courant jusque dans l'Océan.

Les glaciers suisses, à ce qu'on nous assure, sont dans une période de décroissance ; celui du Rhône, que nous visitons, aurait reculé de 600 mètres depuis 19 ans, et son niveau supérieur se serait abaissé de 100 mètres.

Sur la surface de ce glacier immense, encaissé entre deux monts, dont l'un donne naissance à l'Aar et l'autre au Rhône, peu ou point de soleil ; la solitude est complète ; c'est le désert dans toute son horreur. Nulle trace de végétation, nulle trace de vie ; rien que le morne silence, rien que la mort ! Aussi loin que la vue peut inspecter l'horizon, et certes ici, cet horizon est reculé à des distances incroyables, ce ne sont que rochers tristes et dénudés, ce ne sont que cimes neigeuses. La nature accidentée n'offre que des scènes de dévastation, de désordre et de désolation. Ce coin de la Suisse, situé dans le haut Valais, est au surplus, celui qui, jusqu'ici, nous a le mieux montré les traces apparentes des grandes révolutions du globe. Aussi, l'horrible aspect de cette vallée sinistre et sauvage, entourée des plus hautes montagnes de l'Europe, couverte de décombres énormes, ravinée par les torrents, porte-t-il au fond de l'âme, la tristesse et l'effroi qui ne s'effacent que lentement, grâce à la présence d'amis avec lesquels on échange ses multiples pensées.

Avant d'effectuer notre descente, le guide nous montre le mont Blanc dans la direction du sud-ouest ; c'est pour la troisième et dernière fois que nous revoyons ce sommet fameux, distant du point d'où nous sommes, de 150 kilomètres à vol d'oiseau. Le mont Blanc, rappelons-le, fut gravi pour la première fois en 1786 par le docteur Paccard, accompagné du guide Jacques Balmat. Cette ascension, si dangereuse, a été renouvelée bien des fois depuis, par un grand nombre d'excursionnistes, notamment, par une anglaise, qui en 1875 posa le pied sur la cime élevée de 4810 mètres.

Trente minutes après avoir quitté le Glacier du Rhône, nous nous retrouvons à l'auberge. L'hôtesse nous prépare un modeste repas que nous consommons vivement, en l'arrosant d'une chopine de bon lait et le couronnant d'un petit verre de rhum. L'auberge, de construction récente, n'est pas entièrement achevée, les menuisiers, les serruriers et les tapissiers y mettent la dernière main. A l'une des fenêtres de la salle principale, notre regard plonge dans la vallée, au bas de laquelle se trouve l'hôtel renommé du Glacier du Rhône, élevé de deux étages sur rez-de-chaussée, orné de deux balcons et d'un fronton au-dessus de l'entrée principale. Près de l'hôtel passe, en serpentant, le Rhône à qui nous faisons définitivement nos adieux.

A deux heures et demie, nous remontons en voiture, et reprenons la route de la Furka, que nous parcourons beaucoup plus vite que le matin, puisque cette fois, nous la descendons. Sans acci-

dent, et sans autre incident que le plaisir de jouir
de nouveau de la vue des sites déjà entrevus, nous
arrivons à Andermatt. A l'hôtel Bellevue, nous
soldons la note ; peu après nous rejoignons
Gœschenen où nous payons également le souper
commandé et non consommé la veille, aussi bien
que les chambres retenues et non occupées ; tout
cela, parce que, comme nous l'avons dit précédemment, nous avions modifié notre itinéraire à
Andermatt.

A quatre heures quarante-cinq, nous reprenons
le train qui, de Gœschenen, nous ramène à
Lucerne vers neuf heures du soir ; là, nous trouvons, à la fin de notre cinquième jour d'excursion,
en l'hôtel de la Cigogne, bon accueil, bon souper
et bon gîte.

Lucerne à Alpnacht. — Alpnacht à Brienz, par la route du col du Brunig. — Le lac de Brienz. — Arrivée à Interlaken. — La Jungfrau.

Si l'on tient compte du peu de temps mis à notre disposition pour l'accomplissement de notre voyage en Suisse, on admettra, comme nous, qu'il n'était guère possible d'arrêter à l'avance un itinéraire très varié, susceptible d'être scrupuleusement suivi dans toutes ses parties. Notre désir, sans doute, eût été de voir beaucoup; mais nous ne pouvions nous attarder. Pour concilier ces deux termes, il nous fallait parfois doubler l'étape et visiter vivement les sites remarquables peu distants les uns des autres; surtout ceux à proximité des voies ferrées. Ces combinaisons néanmoins, pour une raison ou pour une autre, ne nous réussissaient pas toujours; ce qui n'empêche que les Kùlms sont peut-être encore, parmi les voyageurs du train de Lille à Lucerne, ceux qui ont le plus avantageusement profité de leurs huit jours d'excursion; on l'a vu par ce qui précède et on le reverra dans la suite de ce récit.

Donc, au moment d'exécuter telle ou telle partie d'un programme arrêté d'avance, nos amis et nous y apportions quelquefois les modifications qui nous semblaient nécessaires, en vue de satisfaire pour le mieux notre curiosité de touristes. C'est ainsi

9

que nous devions, sur la ligne du Gothard, nous
arrêter à Lugano, ou bien encore nous rendre à
Schaffhouse pour y jouir de l'imposant tableau de
la chute du Rhin. Quelqu'un en chemin de fer,
ayant vanté les beautés de l'Oberland-Bernois,
nous fit brusquement changer d'avis, et, d'un
commun accord, nous décidâmes de nous rendre
de ce côté. Déjà nous avions sacrifié la chute du
Rhin pour celle de la Reuss, qui se trouve près de
Gœschenen où nous passions ; cette autre détermination, ainsi qu'on l'a vu, nous entraînait ensuite
au Glacier du Rhône qui n'en est guère éloigné.

Conformément à ce qui précède, nous nous
mettons en mesure de passer dans l'Oberland-
Bernois le mercredi 30 août. Interlaken sera notre
lieu de débarquement. A six heures du matin, nous
nous rendons sur le pont du chemin de fer, afin
de juger des dispositions du temps, sur la mine de
notre vieille connaissance, le Pilate, que nous
avions laissé, ou se le rappelle sans doute, d'humeur très atrabilaire lors de notre départ pour
l'Italie. Heureusement, la première partie du
dicton populaire qu'il nous appliquera aujourd'hui
est en notre faveur, car :

« Si le Pilate est coiffé d'un chapeau
Le temps restera beau. »

Le mont aux sept pics décharnés nous grimace
un sourire, nous pouvons donc, en toute sécurité,
essayer de nous rendre aux endroits désignés.

A six heures trois quarts, du quai rive droite
lu lac de Lucerne, nous montons sur le bateau à

vapeur qui nous transportera d'abord à Alpnacht,
où nous prendrons une voiture de place, avec
laquelle nous nous rendrons à Brienz par le col
du Brunig.

A sept heures précises, le bateau quitte le quai,
et, avec un nouveau plaisir, nous nous sentons
voguer sur les eaux vertes et tranquilles du lac
pittoresque des Quatre-Cantons. Nous traversons
entièrement la tête du lac du nord au sud ; puis
nous passons le détroit de Lopperberg, formé d'un
côté par la base granitique du Pilate qui s'y abaisse
en pente douce. Cette partie du lac est tellement
resserrée qu'elle a permis d'édifier un pont levis,
qui s'élève et s'abaisse après qu'il nous a livré
passage. Près du détroit est le port de Niwalden
incendié par les Français en 1798. Nous pénétrons
ensuite dans le golfe, qui prend le nom de lac
d'Alpnacht. Après un trajet d'une heure, nous
débarquons à Stad, petite localité sise en amont
d'Alpnacht.

L'un des nôtres, l'obligeant M. Séraphin C....
se met aussitôt en rapport avec un voiturier, débat
les conditions et l'heure qui doit nous mettre en
communication avec le bateau de Brienz. Nous
prenons une légère collation de lait et de fruits
dans une petite auberge, et, fouette cocher. —
Oui, fouette cocher ! — c'est bien ici le cas de le
dire, car, bientôt montés en voiture, sur une route
d'abord quasi horizontale pourtant, nous nous
apercevons que ledit cocher n'obtient, à de rares
intervalles, un petit trot de ses rosses étiques, que
parce qu'il les régale de coups de fouet, qui, à

défaut d'avoine en quantité suffisante, paraissent être leur nourriture la plus ordinaire. La crainte de ne point arriver en temps, nous oblige à entamer une vive discussion avec notre automédon ; celui-ci répond véhémentement, mais en redoublant, hélas ! ses gestes trop expressifs sur le dos de ses pauvres bêtes. Plusieurs fois, nous faisons mine de descendre, lorsque nous sommes dépassés par la diligence du Brunig, qui, heureusement, devient le meilleur stimulant de notre attelage, enfin décidé à régler son allure sur celle de son chef de file improvisé.

Au sortir d'Alpnacht, sur un pont couvert, construit en bois, nous passons l'Aa, large et courte rivière qui, plus haut, sort du lac de Sarnen pour entrer dans celui des Quatre-Cantons ; une heure après, nous nous trouvons à Sarnen sur le premier de ces deux lacs dont la longueur dépasse six kilomètres. Nous le cotoyons un instant et, à l'endroit où il s'éloigne de la route, nous commençons à gravir la montagne.

Il est certain que nous foulons un sol mystique sur lequel se perpétuent de pieuses et naïves légendes ; nous en jugeons ainsi par le nombre de chapelles, croix, fresques, images, niches, statues et statuettes de toutes sortes, que nous croisons çà et là. Le long du chemin, des individus nous offrent des fruits ou des objets en bois sculpté, nous achetons les premiers auxquels nous trouvons toutefois un goût détestable ; quant aux seconds, grossièrement travaillés, nous les dédaignons.

Au bas de la seconde et magnifique vallée dans laquelle nous pénétrons, apparaît, coquettement enchâssé dans un écrin de verdure, le joli petit lac de Lungern. Ce lac, autrefois sans issue, inondait souvent la vallée qu'il ravageait de fond en comble. Un jour même, la catastrophe fut si épouvantable qu'elle fit périr un grand nombre de personnes. Pour perpétuer ce triste souvenir, on édifia là chapelle commémorative que nous apercevons du point d'où nous sommes. La vallée, heureusement aujourd'hui, est mise à l'abri des inondations, grâce à la construction d'un aqueduc qui déverse le trop plein des eaux du lac de Lungern dans celui de Sarnen.

A onze heures, nous arrivons à Lungern, relais de la poste fédérale où nous faisons une halte d'une heure. Les aubergistes du crû nous assiègent littéralement de leurs offres de services. Nous opinons en faveur d'un joli petit minois féminin qui sait gracieusement vanter l'installation et le confort de son établissement aussi bien que la modicité de ses prix.

Dans la grande salle de l'auberge, très proprement tenue, notre hôtesse nous sert, en guise d'entrée, quelques tranches de poulet froid, que nous avalons prestement, sachant qu'à la cuisine, sautent à notre intention dans la poêle, quelques-unes de ces excellentes truites du lac de Lungern, si renommées. Excellentes et pouvant être renommées, en effet, car tout en dévorant à belles dents les premières, nous pensons déjà aux suivantes, en faisant passer au chef de nouveaux

ordres. C'est ainsi que chacun des Kùlms engloutit
ses deux truites qu'il digèrera d'ailleurs facilement, arrosées qu'elles seront d'un bon vin du
pays, doublé d'une tasse de café additionné de
rhum. A cette satisfaction stomachique, vient s'en
ajouter une autre d'un genre tout différent, mais
qui a bien son charme : en ce lieu privilégié, la
nature donne des concerts perpétuels. Nombreuses
sont les chutes d'eau qui se précipitent de toutes
parts des hauteurs avoisinantes, et font entendre
leur harmonie sauvage. Entre toutes, celle que
nous voyons des fenêtres de l'auberge tombe d'un
ravin très élevé, en un gracieux panache agité
par le vent; son bruit cadencé arrive jusqu'à
nous. L'écot payé, le cigare à la bouche, nous
remontons en voiture.

Sortis de Lungern, nous jouissons quelque
temps encore du coup d'œil que nous offre la jolie
vallée qui, dans toute son étendue, se déroule au-
dessous de nous. La végétation y est splendide et
luxuriante. Les chalets, agréablement superposés
sur les talus de la montagne se détachent à ravir
et font valoir leurs tons multiples, sur un immense
fond verdoyant. Couronnant les sommets, une
forêt de vieux sapins vient brocher sur l'ensemble
et complète majestueusement la décoration du
tableau.

Nous montons la côte de plus en plus. A l'autre
bout de la vallée, au centre d'un riche et vivace
tapis, nous voyons briller, pour la dernière fois,
sous les rayons du soleil, le tout petit lac de Lungern, déjà bien éloigné. En serpentant sur les

flancs de la montagne, nous traversons une forêt magnifique, plantée d'abord de hêtres et de mélèzes, de sapins ensuite. Derrière nous, se montrent séparément au fond des vallées, les trois lacs de Lungern, de Sarnen et de Lucerne, ce dernier distant de quarante kilomètres.

L'administration forestière de la Confédération helvétique a la sage habitude d'entretenir, dans les hauts vallons et sur les versants, des plantations dont le but principal est de prémunir, contre les avalanches, les villes et les villages des vallées sous-jacentes. Nous avons l'avantage d'apprécier, en passant, l'utilité de ces précieuses auxiliaires et de nous rendre compte du rôle qui leur est dévolu.

Lorsque, sous une action quelconque, la neige se détache des cimes, elle forme, au début, des rouleaux, qui vont grossissant du sommet à la base. Si ces masses n'ont point été retenues ou affaiblies au passage, elles s'accroissent toujours de plus en plus, et, avec la rapidité et le grondement de la foudre, s'abattent dans la vallée, sous un volume considérable qui apporte l'épouvante, le ravage et la mort.

Les arbres, sur la montagne, font pour ainsi dire l'office de « brise-neige », à l'instar des jetées ou estacades qui protègent l'entrée des ports de l'Océan. Dès que l'avalanche se met en mouvement, elle est morcelée, tamisée, brisée le long des pentes par des milliers de pieux qui la réduisent à l'impuissance. Malheureusement, la disposition naturelle des lieux ne permet pas de distribuer partout le remède et longtemps encore, l'avalanche sera le principal fléau des régions montagneuses.

L'administration forestière, avec un soin jaloux, surveille son aménagement et défère aux tribunaux quiconque sans ses ordres, porte la cognée dans toute l'étendue de son domaine. Des différentes essences de bois qui prédominent dans la montagne, le sapin occupe le premier rang. Il est, pensons-nous, le seul qui atteigne l'extrême niveau où puisse encore végéter un arbre. Au mépris des lois fédérales, les Külms et nous, leur complice, arrachons pour nous les approprier clandestinement, une dizaine de tout jeunes sapins parmi ceux qui croissent dans les interstices des rochers. Hélas ! nous avons subi, personnellement, la peine morale de notre larcin: Le cher petit sapin, rapporté avec tant de précautions de l'Oberland-Bernois et replanté en souvenir de notre passage du Brunig, n'a pas repris en terre de France ; il est mort au bout de huit mois !

Le col du Brunig, que nous atteignons enfin, est à une altitude de 1,004 mètres à la limite des cantons d'Unterwalden et de Berne. Nous nous arrêtons quelques instants, au relais, dans une auberge construite en forme de chalet. Nous prenons un vif plaisir à visiter le joli magasin d'objets sculptés qu'elle renferme. A deux heures, nous reprenons nos places dans la voiture pour descendre le versant opposé.

Nous n'avions point encore fait cette observation au lecteur : lorsque les voitures sont sur le point

de se lancer sur les pentes raides des routes de
montagnes, les cochers détachent un sabot en fer,
large et plat, enchaîné sur le côté, et le glissent
sous l'une des roues de devant, dont le mouvement
est ainsi enrayé. On s'explique facilement que,
sans cette précaution qui transforme presque les
voitures en traineaux, celles-ci rouleraient d'elles-
mêmes avec une rapidité vertigineuse par la
force acquise sur l'inclinaison de la route. Bien
entendu, nous parcourons vivement ce côté de la
montagne.

Peu après notre départ, nous entrevoyons un
coin du site le plus ravissant qu'il nous ait été
donné d'admirer jusqu'ici. Quelques minutes
encore, et, au débouché du double mur entre
lequel est resserrée la route, la vallée de Hasli
apparaît en son entier comme une scène extraordinairement grandiose au lever du rideau. Non,
voyez-vous, jamais notre faible plume ne pourrait
retracer les sentiments qui s'emparent de notre
âme à cette vue si remarquable! Jamais, non
plus, l'imagination la plus ardente ne pourrait se
représenter ni dépeindre un panorama plus enchanteur. Véritable éden, en un mot, transporté
par la baguette magique d'un génie tout-puissant,
et, comme une perle précieuse, renfermé dans un
écrin de montagnes aux cimes étincelantes!   -

Nous acherons de descendre la pente, en
cotoyant à droite les parois à pic de la montagne.
Tout à coup, de ces mêmes parois, se détache une
masse rocheuse qui, surplombante et menaçante,
forme en s'arrondissant largement au-dessus de

nos têtes un long et gigantesque dais, sous lequel nous passons saisis d'étonnement. Nous traversons sur un pont, un torrent bouillonnant qui, de la montagne voisine, se précipite avec fracas et se joint au lac de Brienz qui est là se développant devant nous. De l'autre côte, à gauche du lac, la célèbre cascade. du Giesbach s'élance avec un bruit tel qu'il arrive jusqu'à nous, malgré la distance très-éloignée.

Les plus riches prairies et la plus belle végétation couvrent le sol de la vallée fertile que nous foulons maintenant, et à travers laquelle l'Aar, en méandres multiples et gracieux, promène ses eaux laiteuses et frémissantes. Cette rivière, que nous avons vue tout à l'heure s'avancer de très-loin, dans la direction de l'est, est la plus considérable de la Suisse. Elle descend des glaciers du Grimsel, entre dans le lac de Brienz, le quitte pour arroser la vallée d'Interlaken ou du Bœdeli longue d'une lieue, traverse le lac de Thoune, se dirige ensuite vers le nord, passe à Berne, Olten, etc., et, près de la frontière, va se jeter dans le Rhin. Le cours de l'Aar a été canalisé en amont sur une certaine longueur. Il est encaissé entre deux berges de moellons cimentés, et parcourt ainsi quelques kilomètres en ligne droite, avant son entrée dans le lac de Brienz ; sa largeur ainsi resserrée paraît-être de huit à dix mètres.

Toutes ces merveilles, magnifiquement bordées de pentes vertes et ensoleillées, ayant pour cadre le cercle majestueux des hautes montagnes qui les entourent, constituent un tableau de « maître » qu'on ne peut se lasser d'admirer.

A trois heures précises, nous sommes à Brienz, notre cocher s'arrête devant l'hôtel de la Poste, où nous le congédions après l'avoir réglé.

Brienz, sur la rive droite et à la tête du lac qui porte son nom, est une bourgade de 2,000 habitants située au pied d'une chaîne de montagnes escarpées, élevées de plus de 2,000 mètres, parmi lesquelles le Rothhorn, qui sépare trois cantons, atteint 2,351 mètres. On trouve à Brienz, beaucoup de fabriques de sculptures sur bois ; la plus importante, occupe plus de six cents ouvriers. Nous parcourons à la hâte la rue principale dont les habitations sont en majeure partie construites en bois. Deux des nôtres font une visite à l'école des petits garçons; ils sont parfaitement accueillis par l'instituteur qui répond avec empressement aux questions qui lui sont posées.

Du haut du balcon de l'hôtel, nos regards embrassent une grande étendue du lac ; une flottille de petits bateaux, aux blanches voiles, amarrés sur le bord, s'y balancent gracieusement sous les baisers de la brise et sont à la disposition des touristes qui voudraient tenter quelques excursions le long de ses rives charmantes. A trois heures quarante, nous montons à bord de l'élégant vapeur, qui, en quelques tours de roues, nous amène en vue de la station du Giesbach, sur l'autre rive.

Le Giesbach est un torrent fougueux fort bruyant, qui se jette, écumant, de hauteurs couronnées de sapins, et se joint au lac de Brienz, après une succession de quatorze cascades. Celles-ci, d'abord, tombent et retombent violemment sur les rugueux gradins de la montagne, brillent entre ses parois déchiquetées, disparaissent et reparaissent au milieu d'une luxuriante végétation. La force d'impulsion de l'une de ces cascades est telle, que, sous les arceaux liquides qu'elle dessine, il est possible de franchir le gouffre sur un pont de bois fixé entre les rochers. Le spectacle dont on jouit à travers cette gaze transparente est très curieux, nous dit-on. Les voyageurs qui ont le bonheur de n'avoir point, comme nous, leur temps mesuré pour explorer la Suisse, doivent descendre à la station du Giesbach. Un chemin de fer funiculaire les élèvera dans la vallée supérieure, où se trouve installé un hôtel élégant et confortable. Tout à leur aise, alors, ils auront la faculté d'inspecter les phases diverses de ce torrent fort renommé.

Des voyageurs du train de Lille à Lucerne, avec lesquels, déjà, nous avions eu l'avantage de visiter Milan, et que, de nouveau, nous avons rencontrés à Interlaken, nous ont raconté qu'ils avaient vu les sauts du Giesbach illuminés, le soir, par des feux du Bengale, et que l'effet en était féérique.

Le lac de Brienz court du nord-est au sud-ouest; sa longueur est de trois lieues, sa largeur d'une demi-lieue, sa profondeur de six cents mètres et son altitude de cinq cent soixante-six mètres; nous le franchissons en cinq quarts d'heure, par un froid rigoureux, après avoir stoppé trois fois.

A quatre heures cinquante-cinq, nous débarquons à Bœnigen, tête du chemin de fer, de la petite vallée du Bœdeli qui met en communication le lac de Brienz avec celui de Thoune et passe par Interlaken pour se rendre à Daerligen. Ce petit railway long de six à huit kilomètres tout au plus, est dans une situation pittoresque. Sans désemparer, nous nous hissons sur la plate-forme d'un wagon, renfermée dans un treillis en fil de fer. Vous dire une fois installés, les sensations diverses qui nous assiégent, n'est pas possible. Décidément, nous voyageons au pays des surprises agréables, et la nature plus encore que la main des hommes, s'est plu à les renouveler partout sur notre passage. Le rivage du lac de Brienz, à Bœnigen, est parsemé de petits hôtels et de coquettes pensions fréquentées par les étrangers. On y voit une digue gigantesque, construite par des moines, au treizième siècle, afin d'opposer un frein aux dévastations de la Lutschine. Le village est à demi caché sous une véritable forêt d'arbres fruitiers.

Au départ de Bœnigen, nous traversons, sur un pont, l'embouchure de la Lutschine. Après avoir roulé quelques minutes sur cette plaine enchanteresse, nous nous arrêtons à Zollhaus; puis, nous passons une première fois sur un pont de fer obliquement jeté sur l'Aar, très-large à sa sortie du lac de Brienz. A peine avons nous suivi la rive droite, que nous repassons sur l'autre rive laissant, de ce côté, la jolie petite ville d'Unterseen pour arriver, au bout d'un quart d'heure de trajet, à la station d'Interlaken.

Interlaken, « la perle de l'Oberland-Bernois »,
sur l'Aar, entre les deux lacs de Brienz et de
Thoune qui expliquent sa dénomination, est dans
une position ravissante auprès des glaciers et du
plus imposant massif montagneux qui soit au
monde. Rendez-vous obligé des touristes qui
parcourent cette si intéressante région, lieu de
repos charmant, station climatérique renommée,
véritable paradis terrestre, Interlaken et ses
environs offrent toutes les ressources, tout le
confort et tous les raffinements en passe d'attirer,
de charmer et de retenir les chercheurs et les
oisifs les plus difficiles. La température, à une
altitude de 600 mètres, n'excède pas en été, vingt
degrés centigrades. Nous pouvons affirmer que la
réputation faite à ce plaisant séjour est loin
d'être usurpée. Nous avons passé à Interlaken des
heures délicieuses, mais hélas ! trop peu nombreuses. Certes, nous prendrons un plaisir
extrême à retracer dans la faible mesure de nos
moyens, les impressions heureuses que nous y
avons ressenties, aussi bien que nous essaierons
de décrire les agrestes beautés que nous y avons
remarquées.

Sur le quai de la gare, quantité de cicérones,
guides et cochers, nous offrent leurs services. On
nous enseigne l'hôtel de la Croix-blanche, qui fait
l'angle d'une rue à proximité de la promenade du
Hœheweg et du bureau de poste. L'hôtel a une
jolie vue sur les glaciers ; bien que de second
ordre, nous pouvons assurer aux plus exigeants,
que nous n'y avons point été mal traités du tout.

Nos bagages déposés, nos chambres retenues, le dîner commandé, et la poussière de nos vêtements secouée, nous nous mettons en mesure de rendre immédiatement visite à la Majesté du lieu.

A cent mètres de l'hôtel, sur le même rang, s'ouvre une vaste prairie rectangulaire sans arbres et régulièrement plane. Le spectacle, qui soudainement par cette échappée, ménagée à dessein, se montre à nos yeux éblouis, est de ceux qu'on n'oublie jamais ! Oui, c'est le cœur rempli de la plus douce émotion que nous saluons avec un enthousiasme indescriptible, la blanche Jungfrau, la reine des Alpes, couronnée de son diadème de neiges éternelles !

Il est six heures et demie, le soleil sur l'horizon s'abaisse lentement à notre droite. Le fond de cette scène si extraordinairement belle est le ciel bleu. Sur ce ciel estompé seulement de quelques légers nuages, se détachent en plein azur, trois montagnes énormes : à gauche et à droite, l'Eiger et le Moine abaissant doucement leurs glacis engazonnés, surmontés de forêts, se réunissent par la base ; et, dans la vaste échancrure qu'ils laissent entre leurs sommets, apparaît, pour ainsi dire épaulée par eux, radieuse en ses proportions colossales, la plus gracieuse des montagnes connues : nous avons nommé la Jungfrau. La demoiselle, la vierge comme on l'appelle encore, brille dans sa blancheur immaculée. Son éclat est d'autant plus vif, d'autant plus incomparable, qu'il tranche absolument sur le ton sombre des autres monts. Et, sous les feux du soleil couchant, la reine des montagnes, assise sur son trône de granit, par dessus les épaules de ses puissants voisins, nous envoie son plus joli sourire ! — Merci. — Nos sentiments d'admiration, nous le constatons, non sans plaisir, sont entièrement partagés par nos bons amis du Kùlm. — Ils ont bien raison, car ni eux, ni nous, jusqu'à présent, n'avions jamais joui d'un spectacle qui fut à la fois, plus grand et plus sublime !

Sur le flanc droit de la Jungfrau, nous voyons distinctement courir, de bas en haut, une longue dentelure de rochers à pics, sur lesquels la neige ne peut s'attacher, et qui donnent à ce côté de la montagne une nuance un peu roussâtre.

Ramenant nos regards à mi-hauteur, nous remarquons les collines de la Heimwehfluth et du Rugen, séparées par une gorge rocheuse ; leurs ondulations verdoyantes ajoutent leur appoint au splendide décor ; puis, au dessous de la première rangée d'arbres, qui festonne le Rugen, un hôtel fastueux étale au centre ses harmonieuses dispositions et jette sur l'ensemble un contraste charmant.

A nos côtés, dans la prairie, un imprésario ambulant a installé, sur son trépied, un télescope braqué sur les montagnes ; grâce à cet objectif, moyennant légère rétribution, les curieux peuvent explorer tous les détails, voir notamment, gambader des bandes de chamois sur le penchant de l'Eiger, franchir même par des sauts hardis, les précipices de ses glaciers.

L'immense pelouse verte qui forme le premier

plan de ce séduisant tableau est entourée de beaux magasins et de constructions somptueuses, au rang desquelles, figurent d'abord trente-deux hôtels ayant tous leur perspective sur la Jungfrau. Ces hôtels avec les nombreuses auberges et pensions qui les complètent ailleurs ont largement leur utilité : Interlaken étant, dans la belle saison, le séjour par excellence de plus de trois mille étrangers.

Mais bientôt le soleil va disparaître, réservons donc entièrement les quelques instants de jour qui nous restent, à la contemplation exclusive de notre héroïne.

Déjà l'ombre s'est répandue dans la vallée; elle gagne peu à peu les collines, puis les montagnes environnantes. La Jungfrau, seule, recueille encore la lumière de l'astre à son déclin et, semble noyée dans des flots d'or, comme un nuage vaporeux dans la sereine immensité du ciel. Son front se colore ardemment, s'empourpre toujours davantage, passe du rose vif au rose tendre et reçoit enfin, du soir, le suprême baiser. Dans la vallée, l'obscurité est à peu près complète. La neige, sur la montagne, a recouvré sa teinte naturelle. Avec le crépuscule qui va s'affaiblissant de plus en plus, elle prend les derniers tons du gris blanc au gris foncé, jusqu'à ce que dans la nuit, disparaissent tout à fait et la teinte et la forme de la belle Jungfrau.

En attendant le retour de l'aurore, la reine de l'Oberland restera majestueusement drapée dans les plis de son manteau... Quant à nous, ce n'est que lentement et non sans regret, que nous nous décidons à lâcher pied, saisi d'étonnement et l'âme imprégnée de sensations multiples.

Maintenant veut-on connaître les hauteurs formidables atteintes par les trois géants de l'Oberland-Bernois dont nous venons de nous entretenir, et qui sont déjà renommés par leurs glaciers ? L'Eiger mesure 3,975 mètres, le Moine 4,105, et la Jungfrau 4,167.

La foule animée cosmopolite et bigarrée des touristes se presse sur la promenade et sur la prairie, par une belle soirée d'été. Les hôtels resplendissent de lumière à tous les étages. Parole d'honneur ! on se croirait sur le boulevard à Paris, tant l'animation et le mouvement sont prononcés. De chaque côté de la promenade, s'élancent des noyers gigantesques, comme on n'en voit nulle part ailleurs. Ils constituent à eux seuls un élément de curiosité. Leurs énormes branches entrelacées forment une voûte épaisse au-dessus de la chaussée, et l'ombre qu'ils projettent doit être certainement complète et bienfaisante pendant les beaux jours de soleil.

Les vitrines et l'intérieur des magasins sont brillamment éclairés. Entre toutes les choses qui y sont réunies, à profusion, nous remarquons surtout quantité d'objets d'art, principalement en bois sculpté, les uns bon marché, les autres très cher.

A huit heures du soir, nous nous trouvons réunis à la table de l'hôtel de la Croix blanche, où l'on nous sert un dîner copieux et varié. Le service

est fait par une jeune et jolie Suissesse en costume
national. Les cheveux couleur de jais de la jeune
fille sont coquettement garnis d'un large ruban de
velours noir. La taille fine et la gorge sont empri-
sonnées dans un corsage court et dans un col
aussi de velours noir d'où s'échappe le haut d'une
chemisette en toile blanche aux manches courtes,
bouffantes, rehaussées de bandes plates de même
étoffe. De chaque côté de la poitrine, sont ajustées
sur la chemisette, deux broches en argent d'où
retombent des chaînes de même métal qui, passant
sous les bras vont se rattacher dans le dos à deux
autres broches. L'avant bras, nu, est simplement
entouré d'un nœud de velours. Enfin la jupe de
laine, sans ornements, qui complète le costume, est
courte et rayée. La salle à manger richement
meublée est installée au premier étage sur le
devant de l'hôtel. Les plats et la vaisselle sont
montés et descendus au moyen d'un mécanisme à
double effet dissimulé dans l'épaisseur de la muraille.

Après dîner, nous écrivons à la hâte nos impressions de voyage de ces deux derniers jours,
et nous les envoyons, sous pli, aux êtres qui nous
sont chers.

Puis, malgré notre fatigue extrême, accompagné
de monsieur V..., qui auprès de nous prenait un
acompte sur le sommeil de la nuit, nous nous
décidons à redescendre sur la voie publique, pour
jouir de l'aspect d'Interlaken le soir.

Une multitude extraordinaire, dans laquelle

différentes langues sont parlées, se presse sur la belle avenue par un temps charmant.

Voici à notre gauche, le Kursaal, rendez-vous des étrangers. C'est un vaste bâtiment semi-circulaire à trois pavillons, construit dans un style simple et rustique au fond d'un magnifique jardin garni de parterres émaillés de fleurs. Au milieu du jardin, en face de la grille d'entrée, s'élance à la hauteur prodigieuse de quarante mètres, un énorme jet d'eau qui retombe avec fracas dans un vaste bassin circulaire. Les salles et le jardin du Kursaal sont bondés d'hôtes qui vont et viennent avec animation, aux accords mélodieux et enlevants d'un orchestre nombreux.

Nous nous trouvons juste en face de la prairie, lorsque, tout à coup, une détonation formidable vient à se produire, cinq ou six fois répétée par les échos de la montagne. Aussitôt, surgissent sur beaucoup de points, des flammes du Bengale, dont les teintes éblouissantes frappent, en tous sens, le vaste parallélogramme. L'exubérante végétation des noyers séculaires qui contournent la prairie et longent la promenade, prend un relief étrange, sur le fond sombre du ciel. Le feuillage diversement coloré, agité par le vent, a des reflets fantastiques. Au dernier plan, le cercle entier des hôtels et les pentes inférieures des montagnes se montrent au travers des arbres, tout inondés de lumière. Au milieu de cet enchantement, le jet d'eau du Kursaal semble lui même transformé en fontaine merveilleuse. Il jette à profusion, dans les airs, tantôt une pluie de perles fines, tantôt des trésors de pierres précieuses, rubis, topazes, améthystes, saphirs, émeraudes, suivant que les brasiers ardents qui entretiennent la fantasmagorie, passent après chaque extinction, par les différentes couleurs du prisme. Cette scène dure au plus un quart d'heure, mais comme en ce court espace il a pu se croire transporté chez les fées, l'esprit éprouve quelque peine à se retrouver, sur terre, sitôt que la nuit, reprenant son empire, a par trop brusquement retendu ses voiles.

Kùlm ! Kùlm ! Cette exclamation bien connue, qui part de plusieurs bouches à la fois, soudain, éclate joyeusement auprès de nous. — Mais qui donc en ces parages peut ainsi profaner notre cri de ralliement ? — Le reste de nos amis, parbleu ! qui, alors qu'à l'hôtel nous étions resté, le nez plongé dans notre prose, s'étaient échappés pour courir la prétentaine. Nous les retrouvons en train de s'ébaudir, paresseusement étalés sur les meulettes d'herbe fauchée de la prairie.

Nous n'avions assisté, qu'à la première partie de la représentation pyrotechnique.

Bientôt en tous sens, s'élèvent et détonent dans les airs, des pièces d'artifice de toutes couleurs. Le milieu dans lequel nous nous trouvons, donne surtout à cette fête, un attrait romantique qu'elle ne pourrait avoir ailleurs. Rien n'est plus étonnant, ni plus frappant, en effet, que la répercussion prolongée du bruit qui se fait au loin dans les montagnes. C'est pour la première fois à Interlaken, que nous avons vu de ces fusées d'artifice, qui, lorsqu'elles ont rayé en zigzags la nuit

obscure, éclatent en l'air; tombent d'abord en
pluie de feu de diverses nuances, et forment
ensuite de petits globes lumineux, un instant
suspendus dans l'atmosphère, comme autant
d'étoiles multicolores.

Tout étant terminé cette fois, nous traversons
la pelouse, dont nous aspirons à pleins poumons
les senteurs pénétrantes ; puis, par une direction
autre que celle que nous avons suivie tout-à-
l'heure, nous reprenons le chemin de l'hôtel où
nous nous gîtons vers onze heures.

Départ d'Interlaken. — Le lac de Thoune. — Arrivée à Berne. — Visite des monuments. — Les ours. — Retour à Lucerne.

Le jeudi 31 août, de grand matin, nous sautons à bas du lit, pour parcourir à la hâte quelques rues d'Interlaken, car notre intention, conforme à celle de nos amis, est de nous rendre dans le cours de la journée à Berne, par le lac de Thoune et le chemin de fer du Jura-Bernois. Avant de descendre au rez-de-chaussée, du haut du balcon de l'hôtel, nous jetons un instant les yeux sur les glaciers, qui, par la trouée de la rue, miroitent à notre droite.

Interlaken compte 1,900 habitants, ses rues secondaires sont étroites et bâties de maisons en bois ; son mouvement principal est entièrement confiné dans la grande voie qui commence à proximité de la gare, traverse la pelouse et se termine au pont supérieur de l'Aar, près du lac de Brienz.

A l'entrée de la promenade du Hœheweg, sur la gauche, s'étend une longue file de riches hôtels, que nous avons imparfaitement inspectés la veille. Le premier qui se présente a de nombreux balcons et un beffroi, du haut duquel la vue doit être vaste. A côté, le grand hôtel Victoria nous laisse apercevoir, par le vide de sa porte cochère, de

beaux massifs et des chalets magnifiques. Le grand
hôtel Jungfrau nous montre ensuite sa façade
monumentale, très large et très somptueuse ; puis
le Kursaal, dont nous avons parlé, avec son coup
d'œil enchanteur sur la Jungfrau. Nous en passons
et des meilleurs dans cette série d'hôtels, presque
tous précédés et suivis de jardins avec jets d'eau,
où se déploient nombre de parterres luxuriants,
embaumés des plus belles fleurs de la saison.

Pendant que dans les magasins de sculptures
sur bois, où ils n'ont que l'embarras du choix, nos
amis font leurs emplettes, nous nous rendons, de
notre côté, dans une librairie, où nous nous
payons quelques photographies. Nous explo-
plorons vivement ensuite vingt-quatre nouveaux
points de-vue.... dans le stéréoscope que la
maîtresse de l'établissement a gracieusement mis
à notre disposition.

Nous foulons rapidement une dernière fois le
tapis vert de la pelouse. Le soleil, à huit heures,
est encore caché derrière la masse compacte de
l'Eiger. La montagne, dont on ne voit rien que la
silhouette dans le brouillard du matin, nous fait
l'effet d'un de ces gros nuages opaques et bleuâ-
tres abaissé sur l'horizon, avant ou après un
violent orage. Charmante opposition : à droite
de l'Eiger, la blanche Jungfrau, au fond de
l'immense gorge qui la précède, dessine admira-
blement sur le ciel ses harmonieux contours et,
de nouveau, fait briller devant nous sa parure de
neiges, constellée de glaciers éternels. A cette
vision naturelle, il faut pourtant s'arracher ;

l'heure, l'heure impitoyable du départ va sonner.
Comme le Juif-Errant, nous pouvons voir, il est
vrai, mais il nous faut voir vite, poser, en un mot,
sans nous arrêter nulle part. Marchons, alors !

Adieu donc, gracieux Bœdeli d'Interlaken ;
puissions-nous un jour te revoir pour jouir plus
longuement, cette fois, des avantages de ta situation sans rivale, et du prestigieux aspect de tes
hautes montagnes !

A neuf heures dix, nous reprenons place sur
l'impériale d'un des wagons du chemin de fer du
Bœdeli. Les verts pâturages, les bouquets d'arbres,
les cours d'eau, les maisonnettes et les villas de la
vallée défilent rapidement devant nous. Quelques
minutes après, nous longeons les bords du lac de
Thoune, au pied des rochers à pic de l'Abendberg,
qui laissent à peine passage pour la voie, et,
quand nous avons traversé un petit tunnel, nous
nous trouvons. à neuf heures et demie, à la station
finale de Daerligen, à l'embarcadère des bateaux
à vapeur.

Joli aussi, le petit village de Daerligen, avec
sa baie tranquille, où est mouillé le bateau qui
nous attend, et à bord duquel nous montons de
suite. Aussitôt que les voyageurs descendus du
train sont installés et que les colis sont transbor-
dés sur le pont, le bateau se met en marche. Il
décrit d'abord une courbe allongée, prend sa
direction et se trouve bientôt au milieu du lac de
Thoune.

Glissant alors sur les eaux azurées de ce lac
idyllique, nous nous voyons au centre d'un pano-

rama bordé de vertes collines, montant en pente douce sur la rive droite, et d'un double rang de montagnes sur la rive gauche : le premier rang abaissant assez ses sommets pour qu'il soit possible d'apercevoir les cimes étincelantes du second.

Au moment de doubler le promontoire de la Nase dont les rochers, par une pointe hardie, s'avancent dans le lac et en cachent la seconde partie, un obligeant passager nous montre, sur un des versants de la rive droite, la grotte renommée de saint Béat. Au-dessous, s'échappe un torrent. Lorsqu'il est grossi par les eaux d'orage, ce torrent mugit et se précipite dans le lac à grand fracas. Une pieuse légende dit, qu'autrefois, la grotte était hantée par un dragon monstrueux qui, par ses ravages, semait l'épouvante dans les pays d'alentour. Saint-Béat à cette époque reculée, évangélisait l'Helvétie. Ayant entendu parler du monstre, il l'extermina,.... d'un simple signe de croix, et s'empara, sans plus de vaillance, de la demeure bruyante de cet hôte incommode. Des bateliers, un jour, ayant refusé au saint le passage du lac, il ne se montra pas plus embarrassé que dans le premier cas : Avec son manteau, il improvisa un esquif, l'étendit sur l'eau, et sur cette frêle embarcation poussée par la grâce divine, il se rendit bravement au village d'Einigen.

Le lac de Thoune, à une altitude de 560 mètres s'étend du sud-est au nord-ouest ; sa longueur dépasse dix-huit kilomètres ; sa plus grande largeur est de trois kilomètres et demi ; sa profondeur est de 230 mètres.

Lorsque nous avons dépassé la pointe de la
Nase, l'aspect change complètement : l'horizon,
festonné par les collines du canton de Berne,
s'élargit dans la direction du nord-ouest. Les
deux tiers du lac restant à parcourir apparaissent
sans obstacle dans toute leur étendue. Sur la rive
gauche, entre les pentes des montagnes, s'ouvrent
de distance en distance de larges vallées que l'œil
peut scruter à son aise. Mais le plus beau tableau
qui puisse jamais être offert au voyageur est, sans
contredit, celui qui se présente à l'opposé vers le
sud-est :

Une chaîne ininterrompue de sommets couverts
de neige ferme complètement l'horizon de ce côté.
Les nuages légers et floconneux qui courent dans
l'atmosphère, poussés par la brise, n'ont pas la
pureté de cette neige, avec laquelle, parfois, ils
paraissent se confondre. Les lignes ondoyantes et
innombrables que ces cimes resplendissantes
tracent dans la perspective et plus loin, sur l'azur
du ciel, ont un aspect véritablement idéal. Si nous
ajoutons à cela, le magique scintillement des
glaciers, sous le soleil qui les inonde de ses rayons
et la sombre opposition des monts inférieurs,
étagés en amphithéâtre, mirant leurs crêtes dans
les eaux du lac, nous n'aurons encore donné
qu'une idée très-imparfaite, de la splendeur de
cette mise en scène.

Il paraît que notre contemplation enthousiaste
a quelque chose de comparable aux mystiques
extases qui mirent autrefois en lumière la bien-
heureuse Ste-Thérèse ; car, lorsque nous avons

amplement exploré, la lunette à la main, les régions atteintes par les monstrueux colosses alpestres, et enfin ramené nos yeux à la taille des faibles humains, et en l'occurrence, sur les Kùlms, nous voyons errer sur leurs visages amis, un sourire légèrement gouailleur.

Il faut dire ici, en historien fidèle, que ces Messieurs se plaisaient à revenir souvent sur le compte de la Jungfrau et nous rappelaient volontiers le culte dont nous l'avions entourée. Nos éloges, il est vrai, ne tarissaient point. Est-ce à dire que le panégyrique que nous avons maintes fois prononcé soit outré ! — Non. — « La vierge de l'Oberland » avait été jusque-là, et reste encore aujourd'hui, pour nous, la merveille la plus attrayante que nous ayons rencontrée dans notre voyage en Suisse.

Et « pendant ce temps-là, » toujours portés « sur le dos de la plaine liquide, » se succèdent, sans interruption, le ruban vert des collines, les gorges sauvages, les vallées fertiles, les villas à demi-cachées sous les ombrages, les cabanes des pâtres, les châteaux perchés sur les pentes escarpées, les villages, les hôtels et les pensions au pied des monts, projetant coquettement leurs silhouettes dans les eaux du lac, et dominant cet ensemble, les épaisses et protectrices forêts de sapins, remparts des avalanches.

A mesure que nous avançons, le paysage s'accentue et devient de plus en plus riant. Le niveau des montagnes s'abaisse sensiblement sur la rive gauche, avec les derniers chaînons de cette partie des Alpes. Le Niesen, devant lequel nous passons, s'élève fièrement en pyramide de belles proportions à une hauteur de 2,366 mètres ; sa base de granit plonge dans le lac et sa forme imposante reflète sur le cristal azuré. Il est, nous dit-on, le pronostiqueur du temps. Dans l'Oberland-Bernois, il joue le même rôle que le Pilate à Lucerne, avec cette différence, toutefois, que sa mine est de beaucoup moins revêche que celle de son compétiteur.

L'ascension du Niesen est très recommandée, on y jouit, à ce qu'il paraît, d'une des plus jolies vues des Alpes.

Après avoir stoppé aux stations de Merligen, de Gunten et d'Oberhofen sur la rive droite ; à celle de Spiez sur la rive gauche, — (où se trouve un château fameux), le bateau sort du lac près du magnifique château de Schadeau — (dont le parc immense garni de constructions originales, s'étend sur la rive gauche,) — et, lorsqu'il a descendu quelques minutes le cours de l'Aar, il aborde la station de Scherzligen, tête du chemin de fer du Jura-Bernois. Il est dix heures cinquante, la traversée s'est effectuée en une heure vingt.

Une heure après, le chemin de fer nous emmène dans la direction de Berne. Un employé de la Compagnie nous case dans un wagon et s'assied à nos côtés ; toutes les fois que son service le lui permet, il se met à notre disposition et répond avec empressement aux questions que nous lui posons.

Thoune, — ou plutôt Thun, — sur l'Aar, ville

de cinq mille âmes, qui donne son nom au joli lac
que nous venons de traverser, est la première
station que nous rencontrons à trois kilomètres
de notre point de départ.

Près de la ligne du chemin de fer, on nous
montre les bâtiments militaires. Thoune, est la
place d'Armes par excellence de la Confédération
helvétique, pour l'artillerie et le génie.

Nous roulons ensuite au milieu d'une plaine
vaste et fertile, arrosée par l'Aar, bornée de hautes collines, et toujours avec la vue des hautes
Alpes, étincelantes sous le soleil de midi. C'est
pour la première fois en Suisse, que nous
voyageons en pleine campagne, avec un aussi
large horizon. La vigne et les arbres fruitiers s'y
montrent partout en quantité. La végétation y est
très active, les céréales y croissent abondamment
et les moissonneurs, en ce moment, portent la
faux dans les dernières récoltes.

A Kiesen, nous passons l'Aar sur un beau pont
en treillis. A l'une des stations suivantes, montent
dans notre wagon deux musiciens ambulants, le
premier malheureusement manchot, est un chanteur qui possède une assez jolie voix de baryton.
Le second joue de l'accordéon et accompagne le
premier. Les ressources complétement inespérées
que celui-ci tire de son instrument, aussi bien que
les chants de celui-là, nous causent un sensible
plaisir. Plaisir certainement accru et poussé même
assez loin, en raison de la scène sur laquelle
s'exécute le concert et dont les décors déjà connus
sont ainsi agencés:

D'abord la chaîne du train, secouée par la
vapeur qui, mugissante, nous entraîne au centre
d'une plaine large et verdoyante ; l'Aar ensuite,
déroulant ses eaux ondoyantes tantôt à la droite,
tantôt à la gauche du chemin de fer ; puis au loin,
des deux côtés, les collines festonnant l'horizon ;
enfin, comme toile de fond incomparable, les
Alpes bernoises, sombres, montant en gradins
jusqu'à la ligne extrèmement radieuse des hautes
Alpes dont les sommets éblouissants de blancheur,
établissent, avec celles du premier plan, un contraste frappant

Nous franchissons une seconde fois l'Aar, à la
hauteur de quarante-deux mètres, sur un magnifique pont en fer à deux étages, dont le premier
est réservé aux piétons et aux voitures. Quelques
instants après, nous entrons, à une heure, dans
la gare spacieuse de Berne.

Berne, chef-lieu du canton de ce nom et siège
du gouvernement fédéral, est une ville de
cinquante mille habitants, bâtie sur un monticule
élevé de trente-cinq mètres au-dessus de l'Aar, qui
l'entoure presque dans une de ses sinuosités.

L'hôtel du Lion d'Or, vis-à-vis de la cour de la
gare, nous offre tout de suite les moyens de nous
restaurer copieusement dans sa salle à manger,
vaste, très basse, sise à l'entresol. Nous dînons à
table d'hôte, où on nous sert vivement et très
proprement. Nous remarquons, non sans étonnement, que l'un des plats de viande qui nous est
passé, est tout autour flanqué de cinq sortes de.
légumes. Les cure-dents dont nous nous emparons

après le repas, sont en bois jauni, grossièrement taillé. Détail insignifiant en lui-même, mais que nous relatons pour sa bizarrerie à cause de notre éloignement de B...., jetant les yeux, par hasard, sur le casier qui renferme les lettres des voyageurs de l'hôtel, nous voyons que l'une d'elles est adressée à la femme d'un de nos concitoyens actuellement domicilié à Paris.

Comme nous reprendrons à cinq heures le chemin de fer qui, pour la dernière fois, nous reconduira coucher à Lucerne, nous avons donc un peu plus de trois heures à dépenser dans Berne. Afin de visiter rapidement les rues, places, curiosités et monuments principaux, il est entendu, avec les amis, qu'une voiture de place nous transportera. L'obligeance de notre hôte est aussitôt mise à contribution, et, moins de trois quarts d'heure après notre arrivée, nous brûlons le pavé de la capitale. Les choses vont au gré de nos désirs : notre cocher parle bien le français, il peut répondre à toutes nos questions.

Le plan de Berne, que nous nous procurons, est renfermé dans l'Aar, sa forme est celle d'un A majuscule, au sommet arrondi, aux extrémités très ouvertes. La ville est traversée longitudinalement, de l'est à l'ouest, par trois grandes artères formant une suite de rues larges, coupées à angle droit par d'autres plus petites et plus étroites. Celle du milieu, qui part du beau pont de Nydeck, a surtout le caractère d'une magnifique avenue.

Les rues de Berne ont un aspect particulier ; elles sont ornées de fontaines monumentales avec sujets historiques, grotesques ou allégoriques très originaux; leur trop-plein parcourt la ville dans des ruisseaux profonds, couverts de distance en distance. Les maisons, dans l'ancienne ville, sont d'un effet pittoresque à peu près uniforme. Elevées de deux à trois étages, elles sont construites en pierres grises avec arcades à piliers lourds et massifs, supportant des voûtes cintrées qui forment galerie au rez-de-chaussée. Ces galeries ont l'avantage d'offrir aux passants un abri contre le soleil et contre la pluie, mais elles ont aussi l'inconvénient de priver d'une partie d'air et de lumière, l'intérieur des maisons et l'étalage des magasins.

· Avant de tourner l'angle gauche de la rue de l'Hôpital, d'où nous démarrons, nous passons devant l'Eglise du Saint-Esprit. Un peu plus loin, se trouvent la gare et l'hôpital, en face duquel s'élance un jet d'eau puissant.

· Nous arrivons au palais fédéral, beau monument de style moderne et de construction récente, long de 131 mètres. Devant s'élève la statue de *La Ville de Berne* et, derrière, dans la cour d'honneur, *l'Helvétie recevant dans ses bras un mobile français*, groupe en bronze dédié à la Suisse, par la ville de Toulouse, en reconnaissance de l'accueil amical fait à l'armée de Bourbaki en 1871. Nous gravissons les marches d'un large perron et celles de l'escalier en pierre qui conduit aux pièces du premier étage.

Dans la salle du Conseil des Etats, siègent quarante-quatre représentants, deux par canton.

11

L'orateur, s'il parle le français ou l'italien, a près de lui, à la tribune, un secrétaire qui traduit son discours en allemand.

La salle du conseil national contient cent-quarante-cinq députés qui siègent à raison d'un par 20,000 habitants. La langue officielle est l'allemand, la langue diplomatique, le français, bien entendu.

Nous visitons ensuite la salle du Conseil fédéral. ou chambre des ministres ; puis un cabinet particulier où nous admirons un magnifique plan en relief de la Suisse, enfin la salle de réception des ambassadeurs, garnie de meubles japonais.

L'hôtel des Monnaies ne nous ouvre pas ses portes, en revanche, le belvédère qui se trouve à côté, nous dédommage de cette déconvenue, par la vue enchanteresse qu'il nous offre sur les montagnes. Accoudés sur la galerie semi-circulaire qui le ceint du côté de la vallée, à trente-cinq mètres de hauteur, nous dominons la ville basse. A nos pieds, l'Aar écoule en frémissant ses eaux blanches et agitées. A gauche, en aval, un nouveau pont en fer est en construction ; sa longueur — lorsqu'il sera achevé en septembre 1883, — atteindra trois cents mètres, sa hauteur trente-six ; il joindra deux monticules par dessus la vallée de l'Aar.

Aux extrémités de la Grand'Rue et de la rue du Marché, s'élèvent deux vieilles tours qui marquent l'emplacement des anciennes portes de la ville. Elles se détachent chacune d'un corps de bâtiment principal et s'avancent presque au milieu

de la chaussée. L'une est la tour de l'Horloge ;
l'autre, celle des Prisons.

La tour de l'Horloge, sous la voûte de laquelle
passent les piétons, est de forme carrée, avec toit à
auvents surmonté d'un clocher à jour. Nous nous
trouvons devant elle à deux heures moins cinq.
Notre cocher, en homme avisé, s'était arrangé de
telle façon, que nous arrivassions juste, et pour
cause, à ce moment précis. C'est que rien n'est
plus ingénieux ni plus amusant, en effet, que le
mécanisme qui accompagne l'horloge astrono-
mique, contenu dans cette tour, et dont nous allons
voir le fonctionnement :

Sur la plate-forme d'un bas-relief en pierre,
fixé à droite du premier cadran au-dessus de la
voûte, est adossé, debout, un ours sculpté, tenant
gravement une hallebarde. Plus haut, figure. un
coq. De chaque côté de la plate-forme, deux
petites portes sont ménagées. Tout-à-coup, le coq
bat des ailes et de sa voix automatique se met à
chanter. C'est un signal, car, aussitôt, sortent de
leur niche, les quatre évangélistes qui, un marteau
à la main, frappent sur une cloche chacun son
quart d'heure. Une procession bouffonne d'our-
ons sort ensuite des petites portes et vient danser
autour de l'ours précité qui, lui de son côté, sans
doute en signe de contentement, remue la tête et
agite sa hallebarde ; après quoi, la procession qui
a fait plusieurs tours, disparaît et les portes se re-
ferment. — C'est d'un comique achevé, aussi les
Kùlms en chœur partent-ils d'un joyeux éclat de
rire. — Sur ces entrefaites, l'heure sonne bruyam-

ment, et savez-vous par qui et comment ? Un grave
personnage en bois, de grandeur naturelle, perché
dans le clocher, vient d'abattre deux fois son lourd
marteau sur la cloche sonore. Le coq enfin, reprend son secouement d'ailes et son chant, après
quoi, tout rentre dans le silence jusqu'à ce que la
même scène, qui a duré deux minutes, recom-
mence à l'heure suivante.

La cave du grand grenier, construit en 1716,
est un objet de curiosité que ne manquent pas de
visiter les étrangers de passage à Berne. Autrefois,
le grand grenier servait de réserve au gouvernement de Berne qui y emmagasinait des quantités
considérables de grains, afin de garantir les habitants de l'usure ou de l'accaparement dans les
années de cherté ou de disette. En 1783,
les provisions de blé qui y furent entassées
représentaient un chiffre de 90,000 sacs. Les caves
contenaient 900,000 litres de vin. Aujourd'hui, les
trois étages et la cave du grand grenier sont loués
à des commerçants ; quant au rez-de-chaussée,
dont les trente-quatre piliers supportent le reste
de l'édifice, il sert actuellement de halle aux blés.

Nous descendons les nombreux degrés du large
escalier qui conduit à l'intérieur de la cave. Nous
nous trouvons d'abord dans une galerie spacieuse
servant de débit de liquides, où plus de cent personnes peuvent se tenir à l'aise autour des tables.
La cave proprement dite, éclairée au gaz, qui fait
suite à la galerie, s'étend sur une longueur de
soixante-dix mètres et sur une largeur de vingt
mètres ; la voûte, haute de dix mètres, est soute-

nue par seize colonnes sur lesquelles sont peints
avec leurs devises, les écussons des vingt-deux
cantons suisses. La quantité de liquides que contiennent, en ce moment, les foudres disposés dans
la cave, représente le chiffre assez respectable de
450,000 litres. Quatre de ces foudres ont des
proportions tout-à-fait colossales : le premier,
acculé vis-à-vis du buffet, contre la muraille occi-
dentale, a une contenance de 34,650 litres ; sa
face est ornée des armoiries des vingt-deux
cantons entourant l'écusson fédéral ; il est
exhaussé d'une plate-forme sur laquelle peuvent
se tenir facilement attablés un certain nombre de
buveurs. Au milieu d'une file de beaux fûts de
dimensions diverses, notre attention se porte sur
le second gros tonneau dont la capacité est de
22,500 litres. Le troisième indique une contenance
de 46,500 litres. Enfin, le quatrième foudre, véritable chef-d'œuvre de tonnellerie, occupe le fond
de la cave. Comme le premier, il est surmonté
d'une plate-forme à galerie; sur sa face supérieure,
deux ours debout soutiennent l'écusson rouge à
croix blanche, au-dessous figurent les armes
bernoises au millésime de 1862 et, de chaque côté,
des légendes en langue allemande ; il est supporté
par un soubassement à volutes, sa contenance est
de 38,000 litres.

Lorsque nous repassons devant le buffet,
nous nous y arrêtons quelques instants, et
tout en consommant un excellent verre de
Marsala, nous prenons à la hâte les quelques notes
que nous venons de développer.

A trois heures vingt-cinq, nous consacrons
un instant à l'examen de la façade gothique de
l'hôtel-de-ville ; les armoiries des vingt-deux
cantons sont gravées sur l'entablement. Vis-à-vis,
nous remarquons une église, dans le style bizantin,
ayant une certaine analogie avec la cathédrale
de Reims.

Nous nous rendons ensuite sur la place de la
cathédrale, où l'on voit la statue équestre de
Rodolphe d'Erlach, vainqueur de l'aristocratie
suisse en 1339. Le cheval est d'une plastique
remarquable ; aux angles du socle, quatre ours
sont accroupis. Le tout a été fondu en airain,
l'an 1848.

La cathédrale est un monument gothique qui,
comme architecture, n'a rien d'extraordinaire ;
toutefois, les sculptures du portail, à l'ouest, sont
assez curieuses, elles représentent le dernier
jugement. Le toit est entouré d'une galerie en
pierre. La tour inachevée se termine par un toit
disgracieux à la hauteur de soixante-douze
mètres. Elle devait atteindre cent-vingt mètres.
Neuf cloches à l'intérieur forment une sonnerie
harmonieuse et sublime, la plus forte fondue en
1611, pèse 13,350 kilos. Elle est la plus grosse
de toute la Suisse.

L'intérieur de l'édifice n'est pas très-curieux.
Notons cependant les vitraux qui ornent les
fenêtres des nefs latérales, très riches en couleur
et très brillantes au soleil. Les stalles du chœur
sont en bois sculpté ; de chaque côté s'élèvent
deux tombeaux, le premier à la mémoire du fon-

dateur de Berne, le second, à celle de Frédéric
Steiger, avoyer de cette ville. Sur la muraille sont
gravés en lettres d'or, les noms de dix-neuf
officiers, six cent quatre-vingt-trois soldats et
deux femmes, morts pour la patrie en 1798, lors
de l'invasion des Français. Le thermomètre, fixé
à la boiserie de la grande nef, marque à quatre
heures, quinze degrés centigrades.

La promenade intérieure de Berne, longe le
côté gauche de la cathédrale. C'est une grande
terrasse rectangulaire, connue sous le nom de
« Plate-forme », plantée de marronniers, au centre
de laquelle se dresse, avec l'ours de Berne, la
statue équestre en bronze du duc Berchtold V
de Zahringen, fondateur de la ville, en 1191. La
plate-forme isolée de trois côtés, est élevée de
trente-six mètres au-dessus de la basse ville
dans laquelle on descend par une rampe contiguë
à l'un des côtés ; les terres sont maintenues par
une muraille ou rempart très épais, avec contreforts, qui monte à pic et se termine à hauteur
d'appui. Les angles opposés à la cathédrale sont
flanqués de deux pavillons octogones occupés
par des cafés. Une inscription gravée, en allemand,
sur une pierre, au milieu de la muraille du fond,
perpétue le souvenir d'un événement qui s'est
dénoué d'une manière miraculeuse : En 1654,
un jeune étudiant, monté sur un cheval emporté,
fut précipité des hauteurs de la plate-forme ; le
cheval se tua sur le coup, mais le jeune homme
eut le bonheur de se relever sain et sauf.

De la terrasse on découvre, dans la direction

sud, une vue extraordinaire, comme peut-être, il
n'en existe plus dans le reste du monde: La chaîne
complète des glaciers de l'Oberland, brillante
comme un collier de diamants est là, devant
nous, qui montre ses formes fantastiques, à une
grande distance, sur une étendue de soixante
kilomètres. Avec ses massifs secondaires et déjà
élevés, puisqu'ils dépassent la hauteur de
2,000 mètres, cette fraction de la chaîne des
Alpes compte surtout plusieurs autres rangées
de sommets aux neiges éternelles qui vont du
Wetterhorn à l'est, au Balmhor-Altels à l'ouest
et s'étagent entre 3,700 et 4,275 mètres, altitude
extrême, atteinte par le Finster-Aarhorn point
culminant de toute la Suisse.

Le poète fécond, capable des conceptions les
plus hardies et les plus heureuses ne pourrait,
à notre avis, trouver en parcourant le vaste
domaine de la fiction, un thème plus séduisant,
plus intéressant, plus digne d'être développé et
esquissé à larges traits, que celui que la réalité
lui fournit, s'il explore et scrute de son regard
profond le panorama enchanteur qui se déroule
du haut de la terrasse de la cathédrale de Berne.
Panorama dont la réputation n'est pas surfaite et
que nous croyons partout en grand honneur.

C'est d'abord, au-dessus de l'Aar, de riantes
et vertes collines qui s'élèvent graduellement,
jusqu'à ce que les soulèvements du sol, s'accen-
tuant toujours davantage, se forment les premières montagnes. Celles-ci, à leur tour, montant
aussi de plus en plus, créent une perspective

grandiose, et, dans l'éloignement, montrent diversement colorés, une suite non interrompue d'aiguilles, de cônes, de pyramides, d'obélisques, de pics, de crêtes, dont les ondulations finales tracent une ligne bleuâtre sur des sommets plus hauts encore. Opposition extraordinaire, spectacle incomparable de majesté et d'éclat : sous le dôme immense et azuré du ciel, la nature, de ses mains puissantes et mystérieuses, ceint le front de ces derniers géants d'une couronne magique, faite de glaciers scintillants et de neige éblouissante que le soleil irise de ses rayons.

La longue contemplation de ces merveilles étincelantes, recouvertes de leur blanche parure ; de ces cimes nombreuses perdues dans le ciel ; de ces vallées profondes, et de ces abîmes insondables provoque l'émotion et appelle la rêverie ! Ne semblerait-il point, en effet, que ces prodigieux colosses dussent former la barrière infranchissable qui sépare le vieux monde, et cache aux yeux des faibles mortels le séjour inconnu des félicités éternelles !

Les eaux bruyantes de l'Aar, immédiatement au-dessous de nous, serpentent entre les maisons bigarrées au milieu des prairies, des jardins et des bouquets d'arbres. Une longue digue coupe la rivière en deux parties, sans doute à l'effet d'opposer, le cas échéant, un frein à ses dévastations.

— Si vous voulez de l'ours ! — à Berne, on en a mis partout. Oui partout, sur les monuments publics, sur les fontaines, dans les rues, dans

les maisons, dans les cafés, dans les hôtels ; aux
vitrines des commerçants, à la montre des
bijoutiers ; en relief ou en portrait, en buste
ou en effigie, esseulé ou en groupes ; partout
enfin, maître Martin étale sa mine sournoise.
Hâtons - nous de parfaire cette énumération
en ajoutant que les ours figurent aux armes
de la ville de Berne et que ces hôtes
de la montagne sont tenus . ici en grande
vénération. Aussi, était-ce pour la bonne
bouche, que notre cocher nous avait réservé
la surprise de la fosse aux ours. Pendant que
son véhicule nous emmène dans la direction,
parlons donc un peu, — si vous le voulez bien, —
des particularités qui ont mis à la mode ces
animaux dans la bonne ville de Berne.

Lorsque le duc de Zahringen eut bâti la
forteresse et les quelques habitations qui servirent
de noyau à la ville de Berne, il se demanda
de quel nom il la baptiserait. Or, un jour que
lui et les siens se livraient dans la montagne
à une chasse acharnée, ils débusquèrent un ours
de forte taille qui ne laissa pas que de leur inspirer
certaines terreurs ; néanmoins ils le tuèrent,
après avoir couru quelque danger. Ce fut en
souvenir de cet exploit cynégétique, que le
duc Bertchold décora sa ville du nom allemand
de Bœr — Ours — de là, Berne.

Autre histoire d'ours, celle-ci au moins
aussi véridique, car ses effets très appréciables
s'en font encore avantageusement sentir, pour

les personnages, pas trop mal léchés, qui en
sont les héros :

Les ours auxquels nous allons rendre visite
et présenter nos hommages ont leur fortune
faite depuis longtemps. Plus heureux que leurs
frères de Paris, — qui vivent modestement
dans leur trou des aumônes et des trognons
de la foule, bien qu'ils émargent au budget
municipal, — les rentiers à quatre pattes de
la ville de Berne jouissent paisiblement des
revenus de la dotation qui leur a été faite,
au siècle dernier, par une vieille fille aussi
riche qu'originale. Le fait, pour être ridicule
en lui-même, n'en est pas moins absolument
authentique et, c'est par testament rédigé en
due forme, que les prédécesseurs de nos inté-
ressants plantigrades devinrent tout à coup
millionnaires.

Hélas ! les ours, comme les simples bipèdes,
sont sujets aux vicissitudes imposées par la
fatalité : la prise de Berne par les Français,
en 1798, vint modifier la situation princière
qui leur était faite; leur trésor fut enlevé par
les envahisseurs. Plus tard, l'immeuble qui leur
restait, vestige d'une ancienne splendeur, fut
vendu et, c'est avec la somme réalisée, que le
conseil de Berne fit bâtir *extra-muros* la
fosse actuelle, dans laquelle les successeurs
des anciens spoliés, malgré ce malheur, coulent
insouciamment aujourd'hui une existence encore
très plantureuse.

Après avoir fourni une course assez étendue,

nous sortons de Berne en traversant l'Aar sur le pont de Nydeck, construction très ancienne en granit, longue de cent trente-huit mètres, élevée de vingt-sept, avec une grande arche de douze mètres.

La fosse aux ours est bâtie en vaste ellipse, l'uniformité du parapet en pierre qui la contourne en partie est rompue par trois grilles en fer placées à droite, à gauche et au milieu. Au fond, s'élève un bâtiment grisâtre percé de trois fenêtres et flanqué de tours hexagonales renflées vers le haut avec machicoulis. La fosse, profonde de trois à quatre mètres, est coupée en deux par un mur ; aux extrémités sont adossées deux cabanes (appartements réservés des habitants sans doute). Au milieu du mur, d'une hauteur de plusieurs mètres, tombent dans chaque enclos deux filets d'eau vive dans des bassins carrés ; le sol bitumé est découpé en mosaïques. Au centre de ces enclos, sont plantés des sapins rendus étiques par l'usage constant qu'en font les destinataires ; celui de droite est occupé par deux solides montagnards bruns, trapus et de forte taille — le mâle surtout. — Monsieur et Madame Martin, largement logés, peuvent se mouvoir à l'aise et se livrer à leurs exercices, dans l'étendue de leur domaine, au grand ébahissement des grands et des petits badauds.

Au moment où nous nous penchons sur le parapet, Madame est en train de procéder à ses ablutions dans le bassin ; elle semble y éprouver un plaisir extrême. Quant à Monsieur, paresseusement étendu sur le dos, attentif aux moindres mouvements des spectateurs, il reçoit adroitement dans sa large gueule, les victuailles qui lui sont lancées : morceaux de pain, gâteaux, carottes, etc., tout cela disparaît tour à tour, comme en un véritable précipice. Lorsqu'il est attiré par un appât qu'il juge plus délicat, maître Martin daigne se dresser de toutes pièces, il montre alors, tout à la fois, la lourdeur de ses allures et la majesté de ses proportions colossales ; puis, s'avançant contre les parois de la muraille extérieure, il happe la nourriture qu'on lui tend au bout d'une canne ou d'un parapluie.

Pour les besoins d'une consommation aussi pantagruélique, des marchands de comestibles sont établis à proximité de la fosse. Afin de faire convenablement sa cour aux ours bernois, l'un des nôtres achète une botte de carottes et ce n'est que quand la dernière s'est engouffrée dans les profondeurs stomachiques de l'animal, que nous nous décidons à lever le siège.

Dans le second compartiment, quatre jeunes oursons se livrent de leur côté à de joyeux ébats. Cette autre génération, croît et embellit, en attendant l'heure fortunée de sa majorité : époque à laquelle elle prendra la suite brillante des affaires de ses prédécesseurs.

L'heure du départ s'avance. Nous avons juste le temps de retraverser la ville dans toute sa longueur, et de reprendre nos valises à l'hôtel, pour nous rendre à la gare. A cinq heures,

nous montons en chemin de fer et, en route
pour Lucerne.

Lorsque nous avons parcouru huit kilomètres
sur la voie que déjà nous avons suivie tout
à l'heure, nous laissons à droite la ligne de
Thoune et nous nous engageons sur le chemin
de fer de l'Entlebuch, dans la direction ouest.
Les points de vue sont aussi très jolis de ce
côté; mais sur cette nouvelle scène, le rideau
baisse bientôt avec la tombée de la nuit. —
Que faire ? — Nous sommeillons. A huit heures
cinquante, pour la quatrième et dernière fois,
nous nous retrouvons à la gare de Lucerne,
après un trajet de quatre-vingt-quinze kilomètres.

CHAPITRE IX. — Huitième Journée

Impressions avant le départ. — Retour du train de Lucerne à Lille. — Arrêt à Bâle. — Les ponts du Rhin. — Arrivée à Saint-Quentin.

C'est aujourd'hui vendredi, premier septembre, qu'il faut boucler définitivement ses valises et dire adieu à la Suisse. A ce charmant pays à l'air si pur, si vif, si pénétrant, qui nous a révélé tant de surprises agréables et causé des émotions si diverses ; pays de mœurs encore primitives, de pieuses légendes et de souvenirs héroïques ; foyer du plus pur patriotisme, ainsi que l'atteste, au surplus, son histoire pour ainsi dire écrite sur chacun des cailloux du chemin ; pays enfin, qu'on estime sans le connaître, qu'on aime quand on le foule, qu'on regrette et qu'on voudrait revoir quand on l'a quitté. Après l'avoir hélas ! seulement en partie visité, et en combien de temps ? — Moins de huit jours. — Que nous comprenons donc bien maintenant le culte et l'attachement qu'ont les Suisses pour leur patrie, pour le sol sacré qui les a vus naître. Sol et patrie, qu'ils sauraient défendre, soyez-en sûrs, le cas échéant, avec un courage et un acharnement, susceptibles de faire de chacun d'eux un héros. Combien est-il facile de comprendre aussi, avec quelle joie, quel empressement, ils retournent chez eux, ceux-là que des raisons quelconques ont obligé

à demeurer à l'étranger. Qu'ils sont heureux
et qu'ils sont fiers de revoir, après une
longue absence, les sommets élevés et les
pentes vertes de leurs chères montagnes, leurs
prairies, leurs vallées, leurs troupeaux, leurs
étables et leurs chalets rustiques : milieux
champêtres où ils couleront désormais, à l'abri
du besoin, une vie calme et paisible.

La majesté des Alpes ; les pics innombrables ;
les cimes argentées, perçant la nue ; la chute
des avalanches ; le craquement horrible des
glaciers ; la transparence et le reflet des lacs ;
la marche cadencée des bateaux à vapeur ; le
bruit des cascades ; le bouillonnement, le rugis-
sement et les contorsions effrénées des torrents ;
la rapidité des cours d'eau ; les horizons vastes
et restreints ; les ondulations des collines verdoyantes ; les tours, les châteaux, les villas, les
hôtels perchés sur les hauteurs couronnées de
forêts, les panoramas splendides ; les trains
roulant avec fracas aux bords abrupts ou dans
les flancs de la montagne, au demi jour des
gorges sauvages, ou dans la nuit sombre des
tunnels, sur les hauts viaducs des vallées
riantes, ou sur les ponts tremblants des abîmes
sinistres... toutes ces merveilles, ou toutes ces
horreurs longuement contemplées, ou rapidement
entrevues, vont nous manquer tout à l'heure, pour
passer aussitôt en notre esprit à l'état de simples
souvenirs.

De la fenêtre de notre chambre, située au
second étage, en face, dans l'ouverture de la

rue, courte et étroite, qui longe l'Hôtel-de-
Ville et le Marché Couvert et qui, par des
degrés, vient aboutir aux quais, nous nous
plaisons, pendant les quelques instants qui nous
restent, à revoir notre vieille amie la verte
Reuss calme et reposée à sa sortie du lac. Des
cygnes éblouissants de blancheur, le cou long,
légèrement arqué, les ailes à demi-étendues,
nagent gracieusement sur les eaux tranquilles
de la rivière; de jolies petites cabanes construites à leur usage, sont coquettement disposées
près du rivage d'où les badauds se plaisent à
leur jeter la nourriture.

Lorsque nous avons fait dans différents
magasins nos emplettes et que tout est préparé
pour notre départ, nous descendons jeter un
dernier coup d'œil sur le lac pittoresque des
Quatre-Cantons. Malheureusement, il monte un
brouillard qui, naturellement, des pieds à la
tête, enveloppe le sombre et morne Pilate et
nous dispense de faire nos adieux à ce rageur.
Les collines et bientôt le Righi lui-même
disparaissent à leur tour; la pluie commence à
tomber un peu, puis abondamment; le lac
perd alors la charmante physionomie qui lui
est propre, la couleur bleue de ses eaux se
change en gris obscur et c'est tout au plus
s'il nous est possible de découvrir encore
quelques centaines de mètres de sa perspective,
le reste nous étant caché par le brouillard.

Nous rencontrons inopinément, sur le quai,
le porte-drapeau de la musique de Lucerne

12

qui nous reconnaît; sa tenue est un peu plus modeste, son air moins martial qu'à Lugano et à Bellinzona, où, tout emplumé et chamarré, sous les plis flottants de son drapeau, il s'attribuait et recevait fièrement en retroussant sa moustache, tout ou partie des honneurs qu'on prodiguait à sa Société, avec force hourras; il est enchanté de nous serrer la main; bien entendu, le plaisir est partagé.

Rentré à l'hôtel, nous retrouvons tous les amis du Kùlm prêts à reprendre avec nous le chemin de la mère-patrie.

Entre les Kùlms et nous, il avait été convenu plusieurs fois à travers nos pérégrinations que nous nous serions fait photographier en groupe, afin de conserver, pour chacun, un souvenir apparent de notre rencontre en Suisse.

Ce projet, malgré notre désir, n'a pu se réaliser, et pour tout dire, le temps nous a absolument manqué. Comme portion congrue, nous nous contentons d'écrire mutuellement quelques pensées de circonstance sur nos carnets.

Monsieur Xavier Gréber, sujet suisse, commerçant de Lucerne, voisin de l'hôtel de la Cigogne, a été pour nos amis et pour nous, d'une obligeance qui ne s'est pas démentie un seul instant; nous lui en sommes profondément reconnaissant et nous nous faisons un véritable plaisir de lui consigner ici nos hommages. Comme gage de bon souvenir, nous conserve-

rons précieusement, dans nos archives, l'autographe dont il nous a gratifié au moment du
départ. Avec effusion aussi, nous saluons notre
hôtesse, la bonne maman de l'Hôtel, qui nous
a fait constamment un accueil cordial et
empressé.

A une heure de l'après-midi, nous nous
trouvons à la gare. A une heure dix, les
wagons de la Compagnie du Nord-français,
remisés depuis huit jours, sous les hangars
du Central-suisse, se remettent en marche en
sens centraire et le train de Lille à Lucerne
devient le train de Lucerne à Lille. Nous
brûlons les rails avec une rapidité vertigineuse. A quatre heures, nous arrivons à Bâle;
quarante-cinq minutes d'arrêt.

Vite, les amis, sautons dans une voiture
de place. — Cocher, vivement, emmenez-
nous voir le pont du Rhin, il y aura un bon
pourboire. — Et, vous le pensez sans doute —
il manque à notre collection, les bords fameux
du Rhin. Au moins, nous pourrons nous flatter
d'avoir vu couler en Suisse deux des fleuves
les plus considérables de l'Europe : le Rhin,
le Rhône et trois rivières importantes : L'Aar,
la Reuss et le Tessin.

La ville de Bâle est située sur la frontière
de l'Allemagne; elle compte 61.000 habitants,
parmi lesquels, assure-t-on, cent millionnaires;
elle est coupée en deux, le grand et le petit
Bâle, par le Rhin.

C'est à la hâte, et presque sans nous arrêter,

que nous traversons les rues peu animées de
Bâle dont les constructions sont de style
moderne. La Cathédrale gothique a son portail
richement orné et deux tours jumelles bâties
en pierre jusqu'au sommet. Sur les monuments
publics et sur les maisons, nous remarquons
beaucoup de peintures à fresques.

Tout-à-coup, les Kulms en chœur laissent
échapper un rire bruyant, qui devient inex-
tinguible par contagion et qu'ils ne parviennent
à réprimer qu'à grande peine. Une telle
irrévérence, au milieu d'une ville si triste et
si peu fréquentée, a le don de faire retourner,
de notre côté, quelques-uns des rares passants.
L'étonnement et l'expression de la physionomie
de ceux-ci sont tels, qu'ils nous amènent à
songer vaguement aux personnages désolés et
hideux de la fameuse *Danse macabre*, de
Holbein, peinte autrefois sur le mur d'un
couvent de Bâle et dont il ne reste aujourd'hui
que quelques débris à l'intérieur de la Cathédrale. L'étonnement bâlois, nous en rappelle
un autre londonien, que par digression, nous
demandons la permission de conter, en guise
d'anecdote, puisqu'on semble, à l'étranger, se
formaliser quelquefois du bon vieux rire gau-
lois :

C'était en Juin 1860, il y a hélas ! de cela
tout près d'un quart de siècle, nous nous
trouvions à Londres avec la musique des
Guides et les quelques milliers d'orphéonistes,
qui, sous la direction de Delaporte, donnèrent

trois ou quatre Concerts monstres au Palais de
Cristal de Sydenham. Au retour de l'un de
ces Concerts, à la descente de la station nord
du chemin de fer métropolitain qui dessert le
marché aux bestiaux d'Islington, nos amis de
B..... de Saint-Quentin et nous, fûmes brutale-
ment bousculés par un ivrogne plein de gin ;
lequel, sous la poussée que nous lui rendîmes
avec usure, alla rouler tout de son long dans
la boue du ruisseau.

Le costume de l'ivrogne, pour être un costume de ville, n'en était pas moins très pittoresque : sa chaussure éculée, son pantalon
frangé et sa redingote en loques avaient pour
complément direct, le plus phénoménal chapeau
qu'il soit possible d'inventer. A coup sûr
moins élevé que la tour de la cathédrale d'An-
vers, il avait pourtant avec celle-ci une certaine analogie par le nombre de jours qui le
perçaient de toutes parts.

Cette brute, dans son enveloppe de gue-
nilles, au ruisseau, nous partîmes tous dans les
rues de Londres, du même franc rire que celui
qui, à Bâle, vingt-deux ans plus tard, illumina
la figure des Kùlms, avec cette différence,
qu'à l'époque, nous le renforçâmes de lazzis
éclatants et prolongés.

Si on sait déjà que les habitants de Bâle
ont la tristesse stéréotypée sur le visage, on
n'ignore pas que les insulaires qui peuplent
le pays du spleen, n'ont point de leur côté
l'humeur précisément folichonne.

Sur ces entrefaites donc, se détacha, près
de nous, d'un groupe de promeneurs à l'allure
compassée un gentleman très bien mis, qui se
mit à nous admonester avec emphase en
mauvais français et termina ainsi son charabia:
— Vos Français, vo avez l'air de animaux ! —
Révérence parler, nous continuâmes de plus
belle à nous désopiler la rate. — Que ceux
qui, Français comme nous, à vingt ans, n'en
auraient point fait autant, collectionnent à
notre intention un tas de petits cailloux, pour
nous les jeter à l'occasion. — Est-ce à dire
maintenant, pour moraliser un brin, qu'il faille,
le cas échéant, imiter notre exemple ? — Assurément non. Mais que voulez-vous ? les
circonstances ne se recherchent pas, elles
s'imposent ; or, dans le cas qui nous occupe.
c'était bien le lapin, c'est-à-dire l'ivrogne qui
avait commencé.

Après le rire de Londres, il nous reste à
expliquer, sinon à justifier le rire de Bâle.

Deux grands diables de ramoneurs, d'un âge
mûr, sont arrêtés à la porte d'une maison où
l'un d'eux agite la sonnette. Leur vêtement, —
un bourgeron et un pantalon de toile maculés
de suie, — est complété par un chapeau de
soie, luisant, haut de forme, qu'ils portent, s'il
vous plaît ! avec toute la crânerie des fashion-
nables en promenade, sur le boulevard
Montmartre. Ce chapeau, on l'avouera sans
doute avec nous, établit, dans le reste du
costume, un contraste insolite qui tourne

singuliérement à l'accoutrement et auquel nous
étions loin de nous attendre, même en voya-
geant. Serait-ce une coutume à Bâle ? Et les
chevaliers de la suie, en cette ville, porteraient-
ils ce genre de coiffure en guise d'enseignes
ambulantes et parlantes ? Le chapeau étant
commé la cheminée, une forme de tuyau.

De plus fort en plus fort. Décidément c'est
une série. Sur le trottoir, viennent à passer
deux femmes, celles-là portent leur coiffure en
partie double : Sur un bonnet de toile blanche
à passe festonnée qui forme le numéro 1, est
appliqué le numéro 2, une formidable capote
de paille noire. Le devant s'avance en marquise
arrondie au-dessus du front qu'il pourrait
protéger, même en cas de grêle; le fond,
terminé par l'antique bavolet à rebord de nos
aïeules, avec ses plis nombreux et ondulés, est
aussi de taille à soutenir tous les chocs et saurait
préserver le cou des plus violents orages. Ces
fonds de magasin, ces modèles surannés, restes
d'un autre âge, égarés sur des têtes bâloises
feraient, sans conteste, les délices de titis
joyeux en temps de carnaval.

Le Rhin, aux belles eaux vertes et murmu-
rantes a un cours encaissé très rapide et
assez agité; nous estimons que sa largeur peut
atteindre trois cents mètres ; son aspect est
grandiose et majestueux, il coule du sud au
nord. Quatre ponts le franchissent à Bâle ;
nous nous avançons sur le second en amont,
construit en 1879, et qui a des proportions

monumentales ; sa longueur, y compris les
viaducs qui le complètent, est de 375 mètres ;
ses trois arches énormes reposent, au centre,
sur deux piles en maçonnerie. A la naissance
des parapets, aux deux extrémités, sur des
piédestaux carrés, figurent quatre gros basilics
ou serpents fabuleux coulés en bronze. Ces
animaux, si nous sommes bien renseigné,
entrent dans la composition du blason bâlois.

Penché sur le parapet ajouré de ce nouveau
pont qui joint l'ancien Bâle au petit Bâle,
notre regard, sur une grande étendue, embrasse
le cours du beau fleuve historique, si admi-
rablement chanté par Alfred de Musset, et
dont les rives enchanteresses ont une réputation
universelle.

Sur l'eau soulevée en vagues légères,
glissent mollement de mignonnes embarcations
aux voiles blanches enflées par le vent. Entre
toutes les collines qui ceignent la vallée et la
ville de Bâle, nous voyons distinctement, à
quelques kilomètres, celles du grand-duché de
Bade ; au fond, à gauche, les brunes sinuosités
de la Forêt-Noire ; à droite, les montagnes du
Jura septentrional montant en gradins jusqu'à
la chaîne des hautes Alpes que nous devinons
sans apercevoir aucun de ses sommets.

Tout en respirant volontiers à pleins poumons les humides effluves qui montent d'en
bas, nous nous plaisons à évoquer certains
souvenirs mélancoliques : Les bords de ce fleuve
idyllique ne formaient-ils point naguère, à

quelques lieues d'ici, la frontière naturelle de notre chère France? Frontière brusquement modifiée par les féroces exigences d'un vainqueur plein de morgue, sournoisement préparé de longue date et qui, sur le grand livre des destinées humaines, s'est ouvert un compte terrible qu'il faudra bien régler tôt ou tard !

Les peuples voisins, en général, plus que les simples particuliers, ont le triste monopole d'entretenir longtemps les feux incandescents d'une haine farouche : C'est ainsi que 1806 conduisit à 1870, et qu'Iéna engendra Sedan, lequel à son tour procréera.....X !

Trop souvent, sous le fallacieux prétexte d'inscrire le mot « Gloire » sur des pages sanglantes, ils n'escomptent point assez — ces peuples, — les conséquences horribles, incalculables de cet autre mot « Revanche » qui toujours, pour l'un ou pour l'autre, se traduit à son tour par celui de « Revers ». Les exemples hélas! ne manquent pas. Il est vrai que quand ils se produisent sous le vocable « Gloire », ces exemples reposent dans la plupart des cas, sur l'avide ambition de têtes en relief, que les dits peuples ont eu le tort grave de s'amuser à couronner.

Les feuilles de laurier, ont le fâcheux privilège de se vendre fort cher ; chacune d'elles serait extraordinairement pressurée, si elle avait à supporter le poids d'or qu'elles coûtent, et qui, y étant entassées, l'une sur l'autre, formeraient à coup sûr de gigantesques

pyramides. Notre pauvre pays, en effet, porte-
fanion de la civilisation, si chevaleresque dans
la bonne comme dans la mauvaise fortune,
chiffre aujourd'hui le prix total de ces attributs,
pour une très large part, dans les nombreux milliards qui forment au Grand Livre,
le capital de sa dette consolidée.....

Nous étions · seulement bien en train de
philosopher, le nez sur le Rhin, lorsque nos
amis, avec raison, nous font observer que nous
n'en avons pas davantage le temps. Nous
continuons donc de nous avancer de l'autre côté
du pont et nous enfilons à la hâte, remontés en
voiture, quelques rues du petit Bâle, après quoi,
nous repassons le fleuve plus loin en aval,
sur l'ancien pont, dit Pont du Rhin.

L'ancien Pont du Rhin est une construction
en bois très ancienne, avec arcs-boutants
primitifs qui datent de 1230. Au milieu du
tablier, subsiste encore aujourd'hui la petite
chapelle près de laquelle, au moyen-âge, on
jetait à l'eau les condamnés à mort pour cause
de sortilèges.

Après une incursion qui n'a pas duré plus
de vingt-cinq minutes, nous nous retrouvons
à la gare. Notre cocher soulève une vive
discussion sur le prix de sa course que nous
trouvons exorbitant ; mais comme nous n'avons
pas le temps d'ajouter à ce quart d'heure de
Rabelais, nous recourons à l'arbitrage d'un
agent de police qui tranche, sans appel, le
différend en notre faveur. Nous nous confondons

en remercîments ; l'irascible automédon avait
fait un tel tapage, que la foule s'était amassée
autour de nous.

Bientôt, réinstallé dans notre wagon, nous
voyons défiler de nouveau devant nous, mais à
rebours, cette fois, les monts du Jura septentrional dont les pentes inférieures s'abaissent,
pour nous, avec les dernières lueurs du jour;
jusqu'au moment où, dans la pénombre, se
confondent vaguement les dernières plaines de
la Suisse, que bientôt nous laissons loin derrière
nous — non sans espoir de retour !

Vive la France ! Notre rapatriement s'effectue
à sept heures. A Delle, station-frontière de la
chère patrie, tout le monde descend pour la
visite des bagages.

Monsieur S. C., qui a acheté, à Lucerne,
une forte et très jolie boîte à musique, est
longuement ballotté par messieurs les employés
de la douane qui prétendent lui faire payer un
droit par trop élevé. Hé quoi ! notre ami,
aurait-il par hasard escamoté, précipité et
comprimé, à notre insu, dans les doubles-fonds
de son colis harmonique, la vierge de l'Oberland,
l'adorable et blanche Jungfrau, avec l'idée égoïste,
d'en décorer la plaine aux environs de Lille ? —
Non, réflexion faite, la belle, qui est d'une taille
« sensiblement » supérieure à celle des marmottes,
ne se serait pas laissée arracher si facilement,
aux lieux enchanteurs qui l'ont vue naître, et
dont elle est l'ornement. — Aussi, avec le fisc,
moyennant une légère redevance, l'accord inter-

vient-il. L'harmonie rompue au début, se rétablit à la fin et reste au fond de la boîte à musique, que notre ami emporte fort allègrement à défaut de la lourde Jungfrau.

A Belfort, le train s'arrête vingt minutes environ. Nous nous rendons de l'autre côté de la gare ; malheureusement la nuit nous empêche de juger, comme nous le désirerions, de l'aspect de l'héroïque cité.

Il ne nous reste plus maintenant, en reprenant notre route, malgré le vacarme occasionné par la marche du train, qu'à rechercher les moyens de nous livrer au sommeil. Nous y arrivons difficilement ; tous ces diables d'excursionnistes en goguette, — à tous les échos, sans avoir acquitté les droits d'auteur, — lancent continuellement par les portières en l'accompagnant de quolibets de toutes sortes, le cri désormais légendaire de Kùlm ! Kùlm ! créé par nos amis au sommet du Righi. Souvent aussi se fait entendre, dominant tout ce tumulte, le sifflet perçant de la machine qui nous entraîne rapidement et doit s'avancer sur la voie, avec les plus grandes précautions. On se rappelle, en effet, sans doute, que notre train est une création de la Compagnie du Nord, et que le trajet de Lille à Lucerne et *vice versa*, s'est opéré ou s'opèrera directement, sans changement de voiture, à l'aller comme au retour.

Le deux septembre, à quatre heures et demie du matin, nous entrons en gare de Reims. Afin d'étirer un peu nos membres fatigués, nous

nous promenons quelques instants sur le quai.
A droite de la gare, dans la teinte grisâtre du
crépuscule, nous voyons faiblement émerger les
tours de la magnifique cathédrale, qu'en sursaut,
on prendrait pour les bras d'un gigantesque
fantôme.

A six heures, dans un estaminet à proximité
de la gare de Laon, nous prenons le café que
nous servent tout ébaubis, en se frottant les
yeux, les patrons de l'établissement. Aux fontaines
de la gare, bon nombre de voyageurs font
peau neuve. Tant bien que mal, ils arrivent à
se débarrasser de leur crasse d'importation suisse.

Après avoir dépassé La Fère, nous remarquons
à peu de distance des bâtiments de la gare,
à droite, le long quai d'embarquement, que le
génie vient de faire construire. Tergnier !
Montescourt ! A sept heures et demie, nous
arrivons enfin à Saint-Quentin d'où nous sommes
parti il y a dix jours.

C'est aux cris vingt fois répétés de Kùlm !
Kùlm ! que nous faisons nos adieux à nos bons
amis, les Lillois, qui, avec le reste des excursionnistes, forment les épaves vivantes du train
de plaisir. Ces messieurs continuent leur route
en avant ; et c'est sans encombre, qu'à onze
heures du matin, ils sont arrivés à destination.
Nos cris quelque peu sauvages, fort bizarres,
et complètement incompréhensibles de Kùlm !
Kùlm ! poussés au débotté, en pleine gare de
Saint-Quentin, ont provoqué l'étonnement sinon
l'ahurissement complet des personnes présentes.

Afin de ne point faire douter du parfait équilibre
de notre état mental, séance tenante, nous
fournissons les explications nécessaires. Elles
sont comprises. L'estime et la considération
nous sont immédiatement rendues comme par
surcroît.

CHAPITRE X

Récapitulation. — Itinéraire.

Circonstances atténuantes plaidées par l'auteur dans sa Conclusion

Telles sont les choses relativement nombreuses que nous avons vues et visitées, et les impressions diverses que nous avons ressenties dans notre voyage en Suisse et en Italie, accompli en deux cent vingt-cinq heures, c'est-à-dire en moins de dix jours. Le récit détaillé qu'on vient de lire établit, à notre avis, que nous avons laborieusement employé le peu de temps mis à notre disposition par les Compagnies de chemins de fer. Sans aucun doute, nos excursions n'ont rien eu d'extraordinaire ; elles ne sont même pas comparables de loin à celles qui rendent illustre le héros de Jules Verne après son *Tour du Monde en 'quatre-vingts Jours ;* mais à la fiction du roman, nous opposons plus modestement, la réalité des faits.

Les distances que nous avons franchies sont de 2.400 kilomètres, soit une moyenne supérieure à 240 kilomètres par jour. Les 225 heures qui se sont écoulées pendant notre voyage se décomposent de la manière suivante :

En chemin de fer (69 h. 46 m.); En bateau
(5 h. 27 m.); En voiture de montagne
(14 h. 10 m.) . . . . . .   89 h. 30 m.

Huit nuits passées dans les hôtels.   56   »

Reste pour la visite des sites et
monuments y compris le trajet
en voiture de ville   79   30

Total égal. . .   225 heures.

Les distances parcourues en chemin de fer,
bateaux à vapeur et voitures de montagne
sont les suivantes :

CHEMINS DE FER

En France. Saint-Quentin à Delle,
     · aller-retour . . .   998 kilom.

En Suisse. Traversée du nord au
     sud, et *vice-versa* .   936   —

—   Vitznau au Righi -
     Kùlm, aller-retour.   14   —

—   Bœdeli   10   —

—   Thoune à Berne, Berne
     à Lucerne   129

En Italie. Côme à Milan, aller-
     retour   96

BATEAUX

En Suisse. Lucerne à Vitznau,
     aller-retour . . .   40 kilom.

—   Lucerne à Alpnacht .   18   —

—   Brienz à Bœnigen . .   14   —

—   Daerligen à Thoune .   19   —

VOITURES DE MONTAGNE

En Suisse. Gœschenen à la Furka,
     aller-retour . . .   78 kilom.

—   Alpnacht à Brienz . .   41   —

2393 kilom.

Au total, en chiffres ronds, 2400 kilomètres,
sans le trajet à pied et en voiture de ville.

CONCLUSION

Cette fois, notre tâche est terminée, tâche assez ardue pour un modeste narrateur, animé des meilleures intentions, mais qui aurait bien voulu néanmoins trouver, sous sa faible plume, les développements désirables, les accents inspirés, le tour poétique enfin qui convient en semblable matière.

Il est toutefois juste de faire remarquer, que l'élaboration d'un sujet, dont les parties essentielles reposent, avant tout, sur la description des beautés sublimes de la nature, appartient en propre au génie transcendant des grands écrivains.Ceux-ci d'ailleurs ne se sont point fait faute, jusqu'ici, de le traiter amplement, en un style riche et pompeux; et, s'il reste à glaner après eux dans ce vaste champ d'exploration, ce soin revient tout entier aux auteurs d'un talent encore incontestable.

Dans nos moments d'enthousiasme, alors que nous étions mis en éveil, par la grandeur magique du spectacle qui se déroulait à nos yeux, nous eûmes plusieurs fois l'imprudence de prendre l'engagement, vis-à-vis des Kùlms, d'écrire nos impressions de voyage. Un tel engagement, de notre part, pouvait passer à bon droit pour de la fatuité, car, ces impressions, nous l'avons déjà dit, jamais nous ne pourrions arriver à les rendre dans une forme en rapport avec le spectacle lui-même et les sentiments qu'il nous a fait éprouver.Cette impuissance nous amène à conclure, qu'en nous livrant à notre élucubration, nous n'avons pu avoir d'autre prétention que celle de présenter une relation de voyage,

consignée le moins sèchement possible au jour
le jour sur le papier. Heureux encore, si nos
lecteurs et nos amis ont eu la patiente bienveillance de la lire jusqu'au bout.

Le maigre mérite que nous revendiquions,
c'est celui d'avoir conté, relaté, apprécié et décrit
simplement, sans nous être posés ni nos amis ni
nous, en héros tapageurs, ou en personnages lilli-
putiens jouant chacun son rôle, sur une scène incommensurable. Notre récit, expression exacte de
la vérité, n'est point une odyssée surchargée
de ces aventures romanesques, qu'on se plaît à
semer dans les voyages et qui, le plus souvent
composées au coin du feu, sortent tout pré-
parées du cerveau des écrivains, pour aller
frapper ensuite l'imagination du lecteur.

Comme il est aussi d'usage, nous n'avons pas
trop émaillé notre relation de dialogues et anec-
dotes fantaisistes qui nous auraient permis de l'allonger d'une cinquantaine de pages. En les arran-
geant également pour la circonstance, nous aurions
pu en outre reproduire les bons mots, saillies,
quolibets, calembourgs, coq-à-l'âne et réparties
spirituelles, qui, à jet continu et fort à propos
d'ailleurs, ont lancé leur note gaie sur les fatigues
de nos pérégrinations.

D'autre part, nous n'avons couru aucun danger,
— tout au plus, avons-nous quelques instants res-
senti le sentiment de la crainte, seul au milieu des
rochers, des neiges et des glaces du mont
Furka. — Les avalanches, les éboulements, par
devant nous n'ont point, sous leurs masses
compactes, enseveli le moindre village, comblé
le plus petit lac. Les torrents, les précipices, les
crevasses, les passes difficiles ne nous ont point

causé de vertiges, ni révélé leur fatal pouvoir
d'attraction. Nos amis n'ont pas eu l'occasion de
pousser des cris de l'autre monde, en nous
voyant disparaître soudain, dans la profondeur
des noirs abîmes ; pas plus que notre guide
aux abois, n'a eu à s'essayer, nulle part, pour
nous sauver la vie. Et si, enfin, nous avons vu
de près les ours de la montagne, la disposition
des lieux où nous les avons rencontrés nous
dispensait de toute frayeur, de même qu'elle
dispensait ces carnivores du soin de se tailler
leur nourriture dans nos chairs pantelantes.

A moins pourtant que nous n'ayons conjuré
tous ces périls à la fois grâce au précieux
talisman que, dans notre voyage, nous avions
sur nous et qui, suivant une croyance naïve,
au pays des montagnes, nous devait préserver
partout. Ce précieux talisman que nous nous
ferions un scrupule de ne point recommander
aux excursionnistes, mais sans en garantir
l'efficacité, est tout simplement la fleur des
glaciers que nous portions attachée à la bouton-
nière. La fleur des glaciers floconneuse et blanche
comme la neige dont elle est, sur les monts, la
proche voisine, scientifiquement appelée *Gnapha-
lium Leantopodium*, nous a été modiquement
cédée par un de ces pauvres petits montagnards
qui, à ce qu'on assure, risquent parfois leur
existence pour l'aller cueillir aux endroits dangereux où elle s'épanouit.

Donc, les seules véritables émotions que
nous ayons éprouvées, d'un ordre assurément
peu tragique, se sont diversement produites,
selon les milieux dans lesquels nous nous
trouvions.

Nous nous demandons maintenant tout songeur, si, ayant ramené notre travail à ses étroites proportions, nous serons tout de même d'une certaine utilité.

Peut-être, en somme, aurons-nous pu, par nos descriptions, donner à quelques-uns l'idée d'entreprendre à leur tour ce fort joli voyage. Certes, les blasés et les indifférents qui visiteront la Suisse et l'Italie, pour voir uniquement ou pour tuer le temps, ne ressentiront pas les mêmes émotions; ne rapporteront pas d'ineffaçables souvenirs. Les âmes sensibles ou poétiques, au contraire, passeront par toutes les phases de l'impressionnabilité, et, par de brusques transitions, iront du contentement à la tristesse, du charme à la mélancolie, selon que, pour elles, la nature en ses manifestations, ira du simple au beau, du beau au magique, et du magique à l'horrible.

Sans doute en fait de merveilles, il n'y a pas que la Suisse et l'Italie au monde. La France, pour ne citer que notre cher pays, compte également par milliers, les curiosités, les panoramas et les sites remarquables : Elle a son océan, ses mers, ses plages incomparables et ses montagnes aussi. Jusqu'ici, nous ne l'avons parcourue qu'en partie et n'en connaissons imparfaitement le reste que par les livres que nous avons lus.

Lire est bien, mais — pour s'instruire, apprécier et se pénétrer davantage, — voir est encore mieux.

DESCRIPTIONS PRINCIPALES

TABLE DES MATIÈRES

Saint-Quentin. — Imprimerie de la Société anonyme du GLANEUR.

www.ingramcontent.com/pod-product-compliance
Lightning Source LLC
Chambersburg PA
CBHW071958090426
42740CB00011B/1999